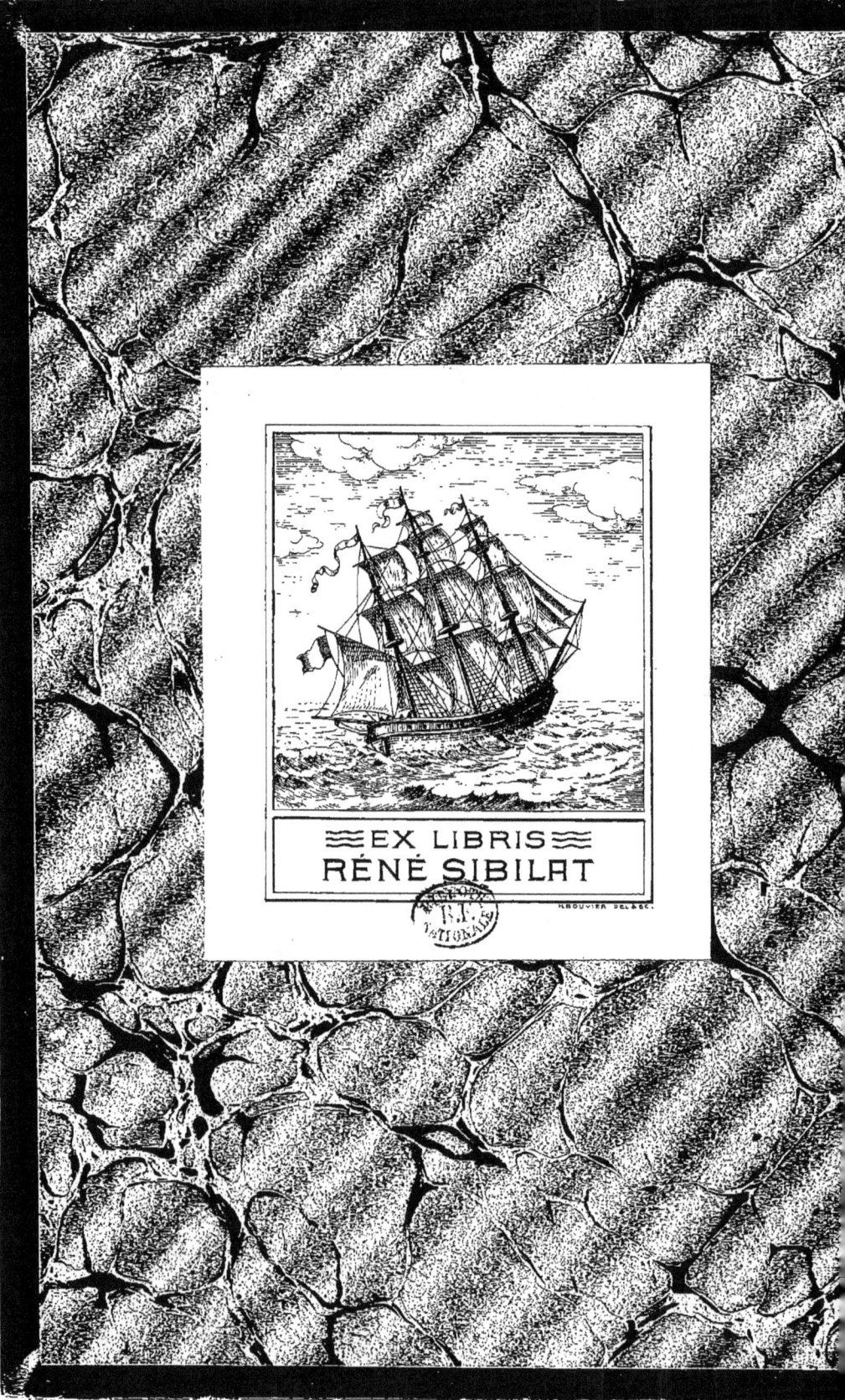

À mon cher compagnon Georges Bizet
témoignage d'amitié et d'admiration
Alphonse Daudet

L'ARLÉSIENNE

PIÈCE EN TROIS ACTES ET CINQ TABLEAUX

Représentée pour la première fois, sur le théâtre du Vaudeville,
le 1er Octobre 1872.

ALPHONSE DAUDET

L'ARLÉSIENNE

PIÈCE EN TROIS ACTES

PARIS

ALPHONSE LEMERRE, ÉDITEUR

27-29, PASSAGE CHOISEUL, 27-29

1872

PERSONNAGES.

Balthazar. . . . . MM. *Parade.*
Fréderi. . . . . *Abel.*
Patron Marc. . . . . *Colson.*
Francet Mamaï. . . . . *Cornaglia.*
Mitifio. . . . . *Régnier.*
L'équipage. . . . . *Lacroix.*
Un Valet. . . . . *Moisson.*
Rose Mamaï. . . . . Mmes *Fargueil.*
Renaude. . . . . *Alexis.*
L'Innocent. . . . . *Morand.*
Vivette. . . . . *J. Bartet.*
Une Servante. . . . . *Leroy.*

Pour la mise en scène, s'adresser à M. Léon Ricquier, régisseur général du théâtre du Vaudeville. — Pour la musique et les chœurs, s'adresser à M. Choudens, éditeur de musique, à Paris.

L'ARLÉSIENNE

ACTE PREMIER.

PREMIER TABLEAU.

LA FERME DE CASTELET.

Une cour ouvrant dans le fond par une grande porte charretière sur une route bordée de gros arbres poussiéreux, derrière lesquels on voit le Rhône. — A gauche, la ferme, avec un corps de logis faisant retour dans le fond. — C'est une belle ferme très-ancienne, d'aspect seigneurial desservie extérieurement par un escalier de pierre à rampe de vieux fer forgé. — Le corps de logis du fond est surmonté d'une tourelle, servant de grenier et s'ouvrant tout en haut dans les frises par une porte-fenêtre, avec une poulie et des bottes de foin qui dépassent. — Au bas de ce corps de logis, le cellier; porte ogivale et basse. — A droite de la cour, les communs, hangars, remises. — Un peu avant, le puits; un puits à margelle basse, surmonté d'une maçonnerie blanche, enguirlandée de vignes sauvages. — Çà et là, dans la cour, une herse, un soc de charrue, une grande roue de charrette.

SCÈNE PREMIÈRE.

FRANCET MAMAI, BALTHAZAR, L'INNOCENT, puis *ROSE MAMAI.*

Le berger Balthazar est assis, un brûle-gueule aux dents, sur le bord du puits. — L'Innocent, par terre, la tête appuyée sur les genoux du berger.

— Francet Maimaï devant eux, un trousseau de clefs dans une main ; dans l'autre, un grand panier à bouteilles.

FRANCET MAMAÏ.

Hé bé ! mon vieux Balthazar, qu'est-ce que tu en dis ?... En voilà du nouveau à Castelet ?

BALTHAZAR, dans sa pipe.

M'est avis...

FRANCET MAMAÏ, baissant la voix et jetant un coup d'œil sur la ferme.

Ma foi ! écoute. Rose ne voulait pas que je t'en parle avant que tout fût terminé, mais tant pis... entre nous deux, il ne peut pas y avoir de mystère...

L'INNOCENT, d'une voix dolente, un peu égarée.

Dis, berger...

FRANCET MAMAÏ.

Puis, tu comprends, dans une grosse affaire comme celle-là, je n'étais pas fâché de prendre un peu l'avis de mon ancien.

L'INNOCENT.

Dis, berger, qu'est-ce qu'il lui a fait le loup à la chèvre de M. Seguin ?

FRANCET MAMAÏ.

Laisse, mon Innocent, laisse. Balthazar va te finir ton histoire tout à l'heure... Tiens ! joue avec les clefs. (L'innocent prend le trousseau de clefs et le fait danser avec un petit rire.

Francet se rapprochant de Balthazar.) Positivement, vieux, qu'est-ce que tu penses de ce mariage?

BALTHAZAR.

Qu'est-ce que tu veux que j'en pense, mon pauvre Francet? D'abord, que c'est ton idée et celle de ta bru; c'est aussi la mienne... par force...

FRANCET MAMAÏ.

Pourquoi, par force?

BALTHAZAR, sentencieusement.

Quand les maîtres jouent du violon, les serviteurs dansent.

FRANCET MAMAÏ, souriant.

Et tu ne me parais pas bien en train de danser... (S'asseyant sur son panier.) Voyons, voyons, qu'est-ce qu'il y a? L'affaire ne te convient pas, donc?...

BALTHAZAR.

Eh bien!... non! là...

FRANCET MAMAÏ.

Et la raison?

BALTHAZAR.

J'en ai plusieurs raisons. D'abord, je trouve que votre Fréderi est bien jeune, et que vous êtes trop pressés de l'établir...

FRANCET MAMAÏ.

Mais saint homme! c'est lui qui est pressé, ce n'est pas nous. Puisque je te dis qu'il en est fou de son Arlésienne; depuis trois mois qu'ils vont ensemble, il ne dort plus, il ne mange plus. C'est comme une fièvre d'amour que lui a donnée cette petite... Puis enfin, quoi! l'enfant a ses beaux vingt ans et il languit de s'en servir.

BALTHAZAR, secouant sa pipe.

Alors, tant qu'à le marier, vous auriez dû lui trouver par là, aux environs, une brave ménagère bien fournie de fil et d'aiguille, quelque chose de fin et de capable, qui s'entende à faire une lessive, à conduire une olivade, une vraie paysanne enfin!...

FRANCET MAMAÏ.

Ah! sûrement qu'une fille du pays aurait bien mieux été l'affaire...

BALTHAZAR.

Dieu merci! Ce n'est pas le gibier qui manque en terre de Camargue... Tiens!... sans aller bien loin, la filleuse de Rose, cette Vivette Renaud que je vois trotter par ici dans le temps de la moisson... Voilà une femme comme il lui en aurait fallu...

FRANCET MAMAÏ.

Bé! oui... bé! oui... mais comment faire?... Puisqu'il a voulu en avoir une de la ville.

BALTHAZAR.

Voilà le malheur... De notre temps, c'était le père qui disait : « Je veux. » Aujourd'hui, ce sont les enfants ; tu as dressé le tien à la nouvelle mode ; nous verrons si ça te réussira.

FRANCET MAMAÏ.

C'est vrai qu'on a toujours fait ses volontés à ce petit-là, et peut-être un peu plus que de raison. Mais à qui la faute?... Voilà quinze ans que le père manque d'ici, pécaïre ! et ce n'est pas Rose ni moi qui pouvions le remplacer. Une mère, un grand-père, ça a la main trop douce pour conduire les enfants. Puis, que veux-tu? quand on n'en a qu'un, on est toujours plus faible. Et nous, c'est autant dire que nous n'avons que celui-là, puisque son frère... (Il montre l'Innocent.)

L'INNOCENT, agitant le trousseau de clefs qu'il vient de faire reluire avec sa blouse.

Grand-père, vois tes clefs comme elles sont luisantes...

FRANCET MAMAÏ, le regardant d'un air ému.

Quatorze ans à la Chandeleur !... Si ce n'est pas pour faire pitié !... Oui, oui, mon mignot.

BALTHAZAR, se levant subitement.

La connaissez-vous bien au moins cette fille d'Arles? Savez-vous tout au juste qui vous prenez?...

FRANCET MAMAÏ.

Oh ! pour ça...

BALTHAZAR, marchant de long en large.

C'est que, prends garde, dans ces grandes coquines de villes, ce n'est pas comme chez nous. Chez nous, tout le monde se connaît. On est au large, on se voit venir de loin ; tandis que là-bas...

FRANCET MAMAÏ.

Sois tranquille, j'ai pris mes précautions. Nous avons à Arles le frère de Rose...

BALTHAZAR.

Le patron Marc ?...

FRANCET MAMAÏ.

Tout juste. Avant de faire la demande, je lui ai envoyé par écrit le nom de la demoiselle, et je l'ai chargé d'aller aux renseignements ; tu sais s'il a l'œil ouvert, celui-là...

BALTHAZAR, goguenardant.

Pas pour tirer les bécassines, toujours.

FRANCET MAMAÏ, riant.

Le fait est que le brave garçon n'a pas la main heureuse quand il vient battre le marais chez nous... C'est égal, va ! c'est un habile homme, et qui n'est pas embarrassé de sa langue pour parler avec les bourgeois... Voilà trente ans qu'il est dans la marine d'Arles; il connaît tout le monde de la ville, et selon ce qu'il va nous dire...

ROSE MAMAÏ, dans la ferme.

Hé! bien! grand-père, et le muscat?

FRANCET MAMAÏ.

J'y suis... j'y suis, Rose... Donne vite les clefs, mon mignot... (A Rose qui paraît sur le balcon.) C'est ce grand Balthazar qui n'en finit plus avec ses histoires... (A Balthazar.) Chut!...

ROSE.

Comment! le berger est là, lui aussi... Les moutons se gardent tout seuls maintenant?...

BALTHAZAR, soulevant son grand chapeau.

Les moutons ne sortent pas, maîtresse. Les tondeurs sont arrivés ce matin.

ROSE.

Déjà!...

BALTHAZAR.

Mais oui... nous voici au premier mai... Avant quinze jours je serai dans la montagne...

FRANCET MAMAÏ, ouvrant la porte du cellier.

Hé! hé!... il pourrait se faire tout de même que son départ fût retardé cette année... pas vrai, Rose?

ROSE.

Voulez-vous bien vous taire, bavard, et aller à votre

muscat tout de suite... Nos gens seront arrivés que vous n'aurez pas seulement tiré une bouteille...

FRANCET MAMAÏ.

On y va... (Il descend dans le cellier.)

ROSE.

Tu gardes l'enfant, Balthazar ?...

BALTHAZAR, reprenant sa place sur le puits.

Oui, oui... Allez, maîtresse...

SCÈNE II.

BALTHAZAR, L'INNOCENT.

BALTHAZAR.

Pauvre Innocent ! Je voudrais bien savoir qui s'en occupe quand je ne suis pas là... Ils n'ont tous des yeux que pour l'autre...

L'INNOCENT, impatienté.

Dis-moi donc ce qu'il lui a fait le loup à la chèvre de M. Seguin ?...

BALTHAZAR.

Tiens !... c'est vrai... nous n'avons pas fini notre histoire... Voyons, où en étions-nous ?

L'INNOCENT.

Nous en étions à... « Et alors !... »

BALTHAZAR.

Diable ! c'est qu'il y en a beaucoup des : « et alors » dans notre histoire... Voyons un peu... Et alors... Ah! j'y suis... Et alors la petite chèvre entendit un bruit de feuilles derrière elle, et dans le noir, en se retournant, elle vit deux oreilles toutes droites, avec deux yeux qui reluisaient. C'était le loup...

L'INNOCENT, frissonnant.

Oh!...

BALTHAZAR.

Comme il savait bien qu'il la mangerait, le loup ne se pressait pas... Tu comprends, c'est leur planète, aux loups, de manger les petites chèvres... Seulement quand elle se retourna, il se mit à rire méchamment : « Ha! ha! la petite chèvre de M. Seguin!... » et il passait sa grosse langue rouge sur ses babines d'amadou. La chèvre aussi savait que le loup la mangerait; mais ça ne l'empêcha pas de se défendre comme une brave chèvre de M. Seguin qu'elle était... Elle se battit toute la nuit, mon enfant, toute la nuit... Puis le petit jour blanc arriva. Un coq chanta en bas dans la plaine. « Enfin! » dit la petite chèvre, qui n'attendait que le jour pour mourir, et elle s'allongea par terre dans sa belle pelure blanche toute tachée de sang. Alors le loup se jeta sur elle et il la mangea.

L'INNOCENT.

Elle aurait aussi bien fait de se laisser manger tout de suite, n'est-ce pas?

BALTHAZAR, souriant.

Tout de même. Cet Innocent! comme il prend bien le fil des choses...

SCÈNE III.

LES MÊMES, VIVETTE.

VIVETTE, entrant par le fond, avec un paquet sous le bras et un petit panier à la main.

Dieu vous maintienne, père Balthazar...

BALTHAZAR.

Tè! Vivette... D'où sors-tu donc, petite, que te voilà chargée comme une abeille?

VIVETTE.

J'arrive de Saint-Louis par le bateau du Rhône... Ils vont tous bien, ici? Et notre Innocent?... (Se baissant pour l'embrasser.) Bonjour.

L'INNOCENT, bêlant.

Mê! mê!... ça c'est la chèvre.

VIVETTE.

Qu'est-ce qu'il dit?

BALTHAZAR.

Chut! une belle histoire que nous sommes en train de raconter : La chèvre de M. Seguin qui s'est battue toute la nuit avec le loup.

L'INNOCENT.

Et puis au matin, le loup l'a mangée...

VIVETTE.

Ah! celle-là est nouvelle; je ne la connais pas.

BALTHAZAR.

Je l'ai faite l'été dernier... La nuit dans la montagne, quand je suis seul à veiller mon troupeau à la lumière des planètes, je m'amuse à lui fabriquer des histoires pour l'hiver... Il n'y a que cela qui l'égaye un peu.

L'INNOCENT.

« Hou! hou! » Ça c'est le loup!

VIVETTE, à genoux, près de l'Innocent.

Quel dommage! un si joli enfant... Est-ce qu'il ne guérira jamais?

BALTHAZAR.

Ils disent tous que non ; mais ce n'est pas mon idée... Depuis quelque temps surtout, il me semble qu'il y a dans sa petite cervelle quelque chose qui remue, comme dans le cocon du ver à soie, quand le papillon veut sortir. Il s'éveille, cet enfant! Je suis sûr qu'il s'éveille!...

VIVETTE.

Ce serait un grand bonheur, si une pareille chose arrivait.

BALTHAZAR, rêveur.

Un bonheur! ça dépend!... C'est la sauvegarde des maisons d'avoir un innocent chez soi... Vois depuis quinze ans que cet Innocent est né, pas un de nos moutons n'a été une fois malade, ni les mûriers non plus, ni les vignes... personne...

VIVETTE.

C'est vrai...

BALTHAZAR.

Il n'y a pas à s'y tromper, c'est à lui que nous devons cela. Et si une fois il se réveillait, il faudrait que nos gens prennent garde. Leur planète pourrait changer.

L'INNOCENT, essayant d'ouvrir le panier de Vivette.

J'ai faim, moi!

VIVETTE, riant.

Ma foi! pour la gourmandise, je crois qu'il est plus qu'aux trois quarts éveillé... Voyez-vous, le finaud! il a flairé qu'il y avait quelque chose pour lui là-dedans... Une belle galette à l'anis que la grand-maman Renaud a faite exprès pour son Innocent.

BALTHAZAR, avec intérêt.

Elle va bien la Renaude, petite?

VIVETTE.

Pas trop mal, père, pour son grand âge.

BALTHAZAR.

Tu en as toujours bien soin, au moins?

VIVETTE.

Oh! vous pensez!... la pauvre vieille qui n'a que moi.

BALTHAZAR.

Ah çà!... quand tu vas faire des journées dehors comme maintenant, elle reste seule, alors?...

VIVETTE.

Le plus souvent, je l'emmène. Ainsi, le mois dernier, quand je suis allé faire les olives à Montauban, elle est venue avec moi... mais à Castelet, jamais elle n'a voulu. Pourtant, tout le monde d'ici nous aime bien.

BALTHAZAR.

C'est peut-être trop loin pour elle.

VIVETTE.

Oh! elle a encore bonnes jambes, allez!... si vous la voyiez trotter... Est-ce qu'il y a longtemps que vous ne vous êtes pas rencontrés, père Balthazar?...

BALTHAZAR, avec effort.

Oh! oui... bien longtemps!...

L'INNOCENT.

J'ai faim... donne-moi la galette..

VIVETTE.

Non... pas maintenant.

L'INNOCENT.

Si, si... je veux... ou bien je dirai à Fréderi...

VIVETTE, embarrassée.

Quoi donc?... qu'est-ce que tu diras à Fréderi?...

L'INNOCENT.

Je lui dirai la fois que tu as embrassé son portrait, là-haut, dans la grande chambre.

BALTHAZAR.

Tiens! tiens! tiens!

VIVETTE, rouge comme une cerise.

Mais ne le croyez pas, au moins...

BALTHAZAR, riant.

Quand je vous dis qu'il s'éveille, cet enfant!

SCÈNE IV.

LES MÊMES, ROSE MAMAÏ.

ROSE.

Personne encore?...

BALTHAZAR.

Si, maîtresse... voilà du monde.

VIVETTE.

Bonjour, marraine.

ROSE, surprise.

C'est toi... Et qu'est-ce qui t'amène?...

VIVETTE.

Mais, marraine, je viens pour les vers à soie, comme tous les ans.

ROSE.

C'est vrai, je n'y pensais plus... Depuis ce matin, je ne sais pas où j'ai la tête... Balthazar, regarde donc un peu sur la route si tu ne vois rien. (Balthazar va dans le fond. — L'Innocent prend le panier et se sauve dans la tourelle.)

VIVETTE.

Vous attendez quelqu'un, marraine?

ROSE.

Mais oui... l'aîné est parti voilà deux heures avec la carriole, pour aller au-devant de son oncle.

BALTHAZAR, du fond.

Personne... (Il voit que l'Innocent a disparu; il entre dans la tourelle.)

ROSE.

Mon Dieu! mon Dieu! pourvu qu'il ne soit rien arrivé...

VIVETTE.

Que voulez-vous qu'il lui arrive? Les routes sont un peu dures; mais Fréderi les a faites tant de fois.

ROSE.

Oh! ce n'est pas cela... Seulement, j'ai peur que le patron Marc n'ait apporté de mauvaises nouvelles, que ces gens de là-bas ne soient pas ce qu'on voudrait...

VIVETTE.

Quelles gens?...

ROSE.

C'est que je le connais, moi, cet enfant!... S'il fallait que ce mariage manquât, maintenant qu'il se l'est mis dans l'idée de son cœur...

VIVETTE.

Fréderi va se marier?...

L'INNOCENT, assis au bord du grenier, tout en haut, dans les frises, sa galette à la main.

Mê!... mê!...

ROSE.

Miséricorde : l'Innocent... là-haut!... Veux-tu bien descendre, maudit enfant!...

BALTHAZAR, dans le grenier.

N'ayez pas peur, maîtresse, je suis là... (Il enlève l'enfant et rentre dans le grenier.)

ROSE.

Oh! ce grenier, ça me fait frémir, quand je le vois ouvert... Tu penses, si on tombait de là-haut sur ces dalles... (La fenêtre du grenier se referme.)

VIVETTE.

Vous disiez, marraine, que Fréderi va se marier?

ROSE.

Oui... Comme tu es pâle... Tu as eu peur, toi aussi, hein?

VIVETTE, suffoquée.

Et.... avec qui... se marie-t-il?

ROSE.

Avec une fille d'Arles... Ils se sont trouvés ici un dimanche qu'on a fait courir les bœufs, et depuis, il n'a plus songé qu'à elle.

VIVETTE.

Elles sont bien belles, on dit, les filles, dans ce pays-là.

ROSE.

Et bien coquettes aussi... mais que veux-tu? Les hommes aiment mieux ça...

VIVETTE, très-émue.

Alors... c'est une chose décidée?...

ROSE.

Pas tout à fait... les enfants sont d'accord entre eux, mais la demande n'est pas encore faite... Tout dépend de ce que va nous dire le patron Marc... Aussi, si tu avais vu Fréderi tout à l'heure, quand il est parti au-devant de son oncle... les mains lui tremblaient, en attelant... Et moi-même depuis, j'en suis comme éperdue... Je l'aime tant, mon Fréderi! Sa vie tient tant de place dans la mienne! Songe, petite : c'est plus qu'un enfant pour moi. A mesure qu'il devient homme, je retrouve son père en lui... Ce mari que j'ai tant aimé, que j'ai perdu si vite, mon fils me l'a presque rendu en grandissant... C'est la même manière de parler, de regarder... Oh! vois-tu, quand j'entends mon garçon aller et venir dans la ferme, cela me fait un effet que je ne peux pas dire. Il me semble que je ne suis plus aussi veuve... Et puis, je ne sais pas, il y a tant de choses entre nous, nos deux cœurs battent si bien ensemble!... Tiens! tâte le mien, comme il va vite. Si on ne dirait pas que j'ai vingt ans moi aussi, et que c'est mon mariage qu'on est en train de décider.

FRÉDERI, du dehors.

Ma mère!

ROSE.

Le voilà!...

SCÈNE V.

LES MÊMES, FRÉDERI, puis BALTHAZAR et L'INNOCENT.

FRÉDERI, entrant en courant.

Ma mère, tout va bien... embrasse-moi... Oh! que je suis heureux!

TOUS.

Et ton oncle?

FRÉDERI.

Il est là... il descend de voiture... Pauvre homme! Je l'ai mené si vite... il a les reins rompus.

ROSE, riant.

Oh! le méchant garçon.

FRÉDERI.

Tu comprends, je languissais de t'apporter la bonne nouvelle... Embrasse-moi encore...

ROSE.

Tu l'aimes donc bien, ton Arlésienne?...

FRÉDERI.

Si je l'aime!...

ROSE.

Plus que moi?...

FRÉDERI.

Oh! ma mère!... (Prenant le bras de sa mère.) Viens chercher mon oncle! (Ils descendent dans le fond.)

VIVETTE, sur le devant de la scène.

Il ne m'a même pas regardée.

BALTHAZAR, s'approchant avec l'Innocent.

Qu'est-ce que tu as, petite?...

VIVETTE, ramassant son paquet.

Moi?... rien... c'est la chaleur... le bateau... le... Oh! oh! mon Dieu!...

L'INNOCENT.

Pleure pas, Vivette... je dirai rien à Fréderi...

BALTHAZAR.

Bonheur de l'un, chagrin pour l'autre : voilà la vie.

FRÉDERI, dans le fond, agitant son chapeau.

Vive le patron Marc!

SCÈNE VI.

LES MÊMES, LE PATRON MARC,
puis *FRANCET MAMAÏ.*

LE PATRON MARC.

D'abord et d'une, il n'y a plus de patron Marc. Je suis, de cette année, capitaine au cabotage, avec certificats, diplômes et tout le tremblement... Ainsi donc, mon garçon, si ça ne t'écorche pas trop la langue, appelle-moi capitaine. (Se frottant les reins.) Et mène ta carriole un peu plus en douceur.

FRÉDERI.

Oui, capitaine.

LE PATRON MARC.

A la bonne heure. (A Rose.) Bonjour, Rose. (Il l'embrasse. Apercevant Balthazar.) Hé! voilà le vieux père Planète.

BALTHAZAR.

Salut, salut, marinier.

LE PATRON MARC.

Comment, marinier ? puisqu'on te dit...

FRANCET MAMAÏ, arrivant.

Hé bé! quelles nouvelles ?

LE PATRON MARC.

La nouvelle, maître Francet, c'est qu'il va falloir endosser votre belle jaquette à fleurs et vous en aller à la ville bien vite faire votre demande. On vous attend...

FRANCET MAMAÏ.

Alors, c'est du bon?...

LE PATRON MARC.

Tout ce qu'il y a de meilleur... De braves gens, sans façons, comme vous et moi... et un ratafia !...

ROSE.

Comment! un ratafia?...

LE PATRON MARC.

Oh ! divin... c'est la mère qui le fait... une recette de famille... Je n'ai jamais rien bu de pareil...

ROSE.

Tu es donc allé chez eux?

LE PATRON MARC.

Pardié! tu penses qu'en pareille occasion, il ne faut se fier à personne qu'à soi-même... (Montrant ses yeux.) Pas de renseignements qui vaillent deux bonnes lunettes de marine comme celles-là !

FRANCET MAMAÏ.

Ainsi, tu es content?...

LE PATRON MARC.

Vous pouvez vous fier à moi... le père, la mère, la fille... c'est de l'or en barre, comme leur ratafia...

FRANCET MAMAÏ, à Balthazar d'un air triomphant.

Hein?... tu vois...

LE PATRON MARC.

Maintenant, j'espère que vous allez m'expédier cela promptement...

FRÉDERI.

Je crois bien.

LE PATRON MARC.

D'abord, moi, je ne bouge pas d'ici que la noce ne soit faite. J'ai mis la *Belle Arsène* au radoub pour quinze jours; et pendant qu'on accordera les violons, j'irai dire deux mots aux bécassines. Pan! pan!

BALTHAZAR, d'un ton goguenard.

Tu sais, marinier, si tu as besoin de quelqu'un pour porter ta carnassière...

LE PATRON MARC.

Merci, merci, père Planète... J'ai amené mon équipage.

ROSE, effrayée.

Ton équipage!... Ah! bon Dieu!...

FRÉDERI, riant.

Oh! n'ayez pas peur, mère... il n'est pas bien nombreux l'équipage du capitaine; tenez, le voilà...

SCÈNE VII.

LES MÊMES, UN VIEUX MATELOT.

Il entre avec une espèce de grognement sourd et salue de droite à gauche; il sue; il est chargé de fusils, de carnassières, de grandes bottes de marais.

LE PATRON MARC.

Tout l'équipage n'est pas là! Nous avons encore le mousse; mais il est resté à Arles pour surveiller le radoubage. Arrive, arrive, matelot; tu salueras dimanche... Tu as descendu mes bottes, mon fusil?

L'ÉQUIPAGE.

Oui, patron...

LE PATRON, furieux, à demi-voix.

Appelle-moi donc capitaine, animal!

L'ÉQUIPAGE.

Oui, patr...

LE PATRON MARC.

C'est bon! entre tout ça là-dedans. (Le matelot entre dans la ferme.) Il n'est pas très-ouvert; mais c'est un fier homme.

FRANCET MAMAÏ.

Dis donc, Rose, il a l'air d'avoir grand soif, l'équipage!...

LE PATRON.

Et le capitaine donc!... Deux heures de tangage, au soleil, dans cette satanée carriole.

ROSE.

Eh bien! entrons... Le père vient tout juste de mettre en perce une bariquette de muscat à ton intention.

LE PATRON.

Fameux, le muscat de Castelet... Avec le ratafia de la demoiselle, ça va vous faire une jolie cave... (Prenant le bras de Fréderi.) Arrive ici, garçon; nous allons boire à ton amoureuse.

SCÈNE VIII.

BALTHAZAR, puis LE GARDIEN.

BALTHAZAR, seul.

Pauvre petite Vivette!... La voilà en deuil pour toute sa vie... Aimer sans rien dire et souffrir!... Ce sera sa planète à elle, comme à sa grand'mère... (Il allume sa pipe. — Long silence. — Chœur dans la coulisse. — En relevant la tête, il aperçoit le Gardien, debout, dans l'encadrement de la grande porte, son fouet court en bandoulière, la veste sur l'épaule, un sac de cuir à la ceinture.) Tiens!... qu'est-ce qu'il veut, celui-là?

LE GARDIEN, s'avançant.

C'est bien Castelet ici, berger?...

BALTHAZAR.

Ça m'en a l'air.

LE GARDIEN.

Est-ce que le maître est là?...

BALTHAZAR, montrant la ferme.

Entre!... ils sont à table.

LE GARDIEN, vivement.

Non! non!... je n'entre pas... appelez-le.

BALTHAZAR, le regardant curieusement.

Tiens!... c'est drôle. (Il appelle.) Francet!... Francet!...

FRANCET MAMAÏ, sur la porte.

Qu'est ce qu'il y a?

BALTHAZAR.

Viens donc voir... il y a là un homme qui veut te parler...

SCÈNE IX.

LES MÊMES, FRANCET MAMAÏ.

FRANCET MAMAÏ, accourant.

Un homme! Pourquoi n'entre-t-il pas? Vous avez donc peur que le toit vous tombe sur la tête, l'ami?...

LE GARDIEN, bas.

Ce que j'ai à vous dire est pour vous seul, maître Francet.

FRANCET MAMAÏ.

Pourquoi tremblez-vous?... Parlez, je vous écoute. (Balthazar fume dans son coin.)

LE GARDIEN.

On dit que votre petit-fils va se marier avec une fille d'Arles... Est-ce vrai, maître? (On entend dans la maison un joyeux train de rires et de bouteilles.)

FRANCET MAMAÏ.

C'est la vérité, mon garçon... (Montrant la ferme.) Entendez-les rire, là dedans ; c'est le coup des accordailles que nous sommes en train de boire.

LE GARDIEN.

Alors, écoutez-moi : vous allez donner votre enfant à une coquine, qui est ma maîtresse depuis deux ans. Les parents savent tout, et me l'avaient promise. Mais depuis que votre fils la recherche, ni eux ni la belle ne veulent plus de moi. Je croyais pourtant qu'après ça, elle ne pouvait pas être la femme d'un autre.

FRANCET MAMAÏ.

Voilà une chose terrible... Mais enfin, qui êtes-vous?...

LE GARDIEN.

Je m'appelle Mitifio. Je garde les chevaux, là-bas,

dans les marais de Pharaman. Vos bergers me connaissent bien...

FRANCET MAMAÏ, baissant la voix.

Est-ce bien sûr, au moins, ce que vous me dites-là? Prenez garde, jeune homme... quelquefois la passion, la colère...

LE GARDIEN.

Ce que j'avance, je le prouve. Quand nous ne pouvions pas nous voir, elle m'écrivait; depuis, elle m'a repris ses lettres, mais j'en ai sauvé deux, les voilà; son écriture, et signées d'elle.

FRANCET MAMAÏ, regardant les lettres.

Justice ciel! qu'est-ce qui m'arrive là?...

FRÉDERI, de l'intérieur.

Grand-père, grand-père!

LE GARDIEN.

C'est lâche, n'est-ce pas, ce que je fais?... mais cette femme est à moi, et je veux la garder mienne, n'importe par quels moyens.

FRANCET MAMAÏ, avec fierté.

Soyez tranquille; ce n'est pas nous qui vous l'enlèverons... Pouvez-vous me laisser ces lettres?

LE GARDIEN.

Non, certes!... c'est tout ce qui me reste d'elle, et... (Bas avec rage.) c'est par là que je la tiens.

FRANCET MAMAÏ.

J'en aurais bien besoin pourtant... L'enfant a le cœur fier; rien que de lire ça... c'était fait pour le guérir.

LE GARDIEN.

Eh bien! soit, maître, gardez-les... J'ai foi dans votre parole... votre berger me connaît, il me les rapportera.

FRANCET MAMAÏ.

C'est promis.

LE GARDIEN.

Adieu. (Il va pour sortir.)

FRANCET MAMAÏ.

Dites donc, camarade, la route est longue d'ici Pharaman; voulez-vous prendre un verre de muscat?...

LE GARDIEN, *d'un air sombre.*

Non! merci... j'ai plus de chagrin que de soif... (Il sort.)

SCÈNE X.

FRANCET MAMAÏ, BALTHAZAR, *toujours assis.*

FRANCET MAMAÏ.

Tu as entendu?

BALTHAZAR, gravement.

La femme est comme la toile ; il ne fait pas bon la choisir à la chandelle.

FRÉDERI, dans la ferme.

Mais venez donc, grand-père... nous allons boire sans vous...

FRANCET MAMAÏ.

Comment lui dire ça, Seigneur !...

BALTHAZAR, se levant avec énergie.

Du courage, vieux !

SCÈNE XI.

LES MÊMES, FRÉDERI, puis TOUT LE MONDE.

FRÉDERI, s'avançant vers la porte, le verre haut.

Allons, grand-père !... A l'Arlésienne !

FRANCET MAMAÏ.

Non... non... mon enfant... Jette ton verre ; ce vin t'empoisonnerait.

FRÉDERI.

Qu'est-ce que vous dites?

FRANCET MAMAÏ.

Je dis que cette femme est la dernière de toutes, et

que par respect pour ta mère, son nom ne doit plus être prononcé ici... Tiens! lis...

FRÉDERI, regarde les deux lettres.

Oh!... (Il fait un pas vers son grand-père.) C'est vrai, ça..
(Puis, avec un cri de douleur, il vient tomber assis au bord du puits.)

ACTE DEUXIÈME.

DEUXIÈME TABLEAU.

LES BORDS DE L'ÉTANG DE VACCARÈS EN CAMARGUE.

A droite, fourré de grands roseaux. — A gauche, une bergerie. — Immense horizon désert. — Sur le premier plan, des roseaux coupés, réunis en fagots; une grande serpe jetée dessus. — Au lever du rideau, la scène reste vide un moment et l'on entend des chœurs au loin.

SCÈNE PREMIÈRE.

ROSE, VIVETTE, LE PATRON MARC.

Rose, Vivette, dans le fond. — Sur le premier plan, Marc à l'affût dans les roseaux.

VIVETTE, *regardant au loin dans la plaine, la main en abat-jour sur les yeux.*

Fréderi!...

MARC, *sortant à mi-corps des roseaux, avec des gestes désespérés.*

Chut!...

ROSE, appelant.

Fréderi!...

MARC.

Mais taisez-vous donc, mille diables!...

ROSE.

C'est toi, Marc?

MARC, bas.

Hé! oui... c'est moi... Chut! ne bouge pas... il est là.

ROSE.

Qui donc? Fréderi?

MARC.

Non! un flammant rose... une bête magnifique, qui nous fait courir depuis ce matin autour du Vaccarès.

ROSE.

Fréderi n'est pas avec vous?

MARC.

Non!

L'ÉQUIPAGE, caché.

Ohé!

MARC.

Ohé!

L'ÉQUIPAGE.

Parti!

MARC.

Ah! mille millions de milliasses... Ce sont ces sacrées femmes... C'est égal, il ne m'échappera pas... Hardi, matelot! (Il s'enfonce dans le fourré.)

SCÈNE II.

ROSE, VIVETTE.

ROSE.

Tu vois bien qu'il n'était pas avec son oncle... Qui sait où il est allé ?

VIVETTE.

Voyons, marraine, ne vous tourmentez pas... Il ne peut pas être bien loin... Voilà un paquet de roseaux tout frais coupés de ce matin. Il aura entendu dire aux femmes qu'on manquait de claies pour les vers à soie, et il sera venu serper des roseaux à la première heure.

ROSE.

Mais pourquoi n'est-il pas rentré déjeuner ?... Il n'avait pas emporté son sac.

VIVETTE.

C'est qu'il aura poussé jusqu'à la ferme des Giraud.

ROSE.

Tu crois ?

VIVETTE.

Sûrement. Voilà longtemps que les Giraud l'invitent.

ROSE.

C'est vrai. Je n'y avais pas pensé... Oui, oui, tu as raison. Il doit être allé déjeuner chez les Giraud. Je suis contente que tu aies trouvé cela... Attends que je m'asseye un peu... Je n'en peux plus. (Elle s'assied sur les roseaux.)

VIVETTE, s'agenouillant et lui prenant les mains.

Méchante marraine de se faire tant de tourment... Voyez, vos mains sont toutes froides.

ROSE.

Que veux-tu! maintenant, j'ai toujours peur, quand il n'est pas près de moi.

VIVETTE.

Peur?

ROSE.

Si je te disais tout ce que je pense... Est-ce que cette idée ne t'est jamais venue en le voyant si triste...

VIVETTE.

Quelle idée?

ROSE.

Non! non! Il vaut mieux que je ne dise rien... Il est de ces choses qu'on pense; mais il semble que d'en parler ça les ferait venir. (Avec rage.) Ah! je voudrais qu'une nuit toutes les digues du Rhône crèvent, et que le fleuve emporte la ville d'Arles, avec celles qui y sont.

VIVETTE.

Il y songe toujours, vous croyez, à cette fille?

ROSE.

S'il y songe!

VIVETTE.

Pourtant il n'en parle jamais.

ROSE.

Il est bien trop fier.

VIVETTE.

Alors, puisqu'il est fier, comment peut-il l'aimer encore, maintenant qu'il est sûr qu'elle allait avec un autre?

ROSE.

Ah! ma fille, si tu savais!... Il ne l'aime plus de la même façon qu'avant; il l'aime peut-être davantage.

VIVETTE.

Mais enfin, qu'est-ce qu'il faudrait donc pour arracher cette femme de son cœur?

ROSE.

Il faudrait... une femme.

VIVETTE, très-émue.

Vraiment? Vous croyez que ce serait possible.

ROSE.

Ah! celle qui me le guérirait, mon enfant, comme je l'aimerais!

VIVETTE.

Si ce n'est que cela. Il n'en manque pas qui ne demanderaient pas mieux... Tenez! sans aller bien loin, la fille des Giraud dont nous parlions. En voilà une qui est jolie et qui lui a longtemps viré autour. Il y a aussi celle des Nougaret; mais elle n'a peut-être pas assez de bien.

ROSE.

Oh! ça...

VIVETTE.

Eh. bien alors, marraine, il faut le faire trouver avec une de ces deux-là.

ROSE.

Oui, mais le moyen. Tu sais bien comme il est devenu. Il se cache, il fuit, il ne veut voir personne. Non, non! ce qu'il faudrait, c'est que l'amour lui arrivât et l'enveloppât tout entier sans qu'il s'en aperçût. Quelqu'un qui vivrait près de lui et qui l'aimerait assez pour ne pas se rebuter de sa tristesse. Il faudrait une bonne créature... honnête... courageuse... comme toi, par exemple.

VIVETTE.

Moi?... moi?... mais je ne l'aime pas.

ROSE.

Menteuse!

VIVETTE.

Eh! bien, oui! je l'aime, et je l'aime assez pour supporter de lui tous les affronts, toutes les disgrâces, si je savais pouvoir le guérir de son mal. Mais comment voulez-vous? Son autre était si belle, on dit. Et moi je suis si laide.

ROSE.

Mais non, ma chérie, tu n'es pas laide, seulement tu es triste, et les hommes n'aiment pas cela. Pour leur plaire, il faut rire, faire voir ses dents. Et les tiennes sont si jolies !

VIVETTE.

J'aurais beau rire, il ne me regardera pas plus que quand je pleure. Ah! marraine, vous qui êtes si belle et qu'on a tant aimée, dites-moi comme il faut faire pour que celui qu'on aime nous regarde et que notre visage lui inspire de l'amour...

ROSE.

Mets-toi là. Je vais te le dire. D'abord, il faut se croire belle, c'est les trois quarts de la beauté... Toi, on dirait que tu as honte de toi-même. Tu caches tout ce que tu as... Tes cheveux, on ne les voit pas. Attache donc ton ruban plus en arrière. Ouvre un peu ce fichu, à l'Arlésienne, là... qu'il n'ait pas l'air de tenir sur l'épaule. (Elle l'attife tout en parlant.)

VIVETTE.

Vous perdez votre peine, allez, marraine... Je suis sûre qu'il ne pourra pas m'aimer.

ROSE.

Qu'en sais-tu? Lui as-tu dit seulement que tu l'aimais?... Comment veux-tu qu'il le devine? Je sais bien comme tu fais; quand il est là tu trembles, tu baisses les yeux. Il faut les lever au contraire et les mettre hardiment et honnêtement dans les siens. C'est avec leurs yeux que les femmes parlent aux hommes.

VIVETTE, bas.

Je n'oserai jamais.

ROSE.

Voyons. Regarde-moi... C'est qu'elle est jolie comme une fleur. Je voudrais qu'il pût te voir à présent... Tiens! sais-tu? tu devrais t'en aller jusqu'au mas des Giraud. Vous reviendrez ensemble, tout seuls, le long de l'étang. Au jour tombé, les chemins sont troubles. On a peur, on s'égare, on se serre l'un contre l'autre... Ah! mon Dieu! qu'est-ce que je lui dis là, maintenant? Écoute, Vivette, c'est une mère qui te prie. Mon enfant est en danger; il n'y a que toi qui peux le sauver. Tu l'aimes, tu es belle, va!

VIVETTE.

Ah! marraine! marraine!... (Elle hésite une minute, puis sort par la gauche brusquement.)

ROSE, la regardant partir.

Si c'était moi, comme je saurais bien!...

SCÈNE III.

ROSE, BALTHAZAR, L'INNOCENT.

BALTHAZAR, il va vers la bergerie avec l'Innocent.

Viens, Mignot. Nous allons voir s'il reste quelques olives au fond de mon sac. (S'arrêtant en voyant Rose.) Eh bien, maîtresse, l'avez-vous trouvé?

ROSE.

Non! je crois qu'il sera allé manger chez les Giraud.

BALTHAZAR.

Bien possible.

ROSE, prenant l'Innocent par la main.

Allons!... il faut rentrer.

L'INNOCENT, se serrant contre Balthazar.

Non... non... je ne veux pas.

BALTHAZAR.

Laissez-le-moi, maîtresse. Nous sommes là au bord de l'étang, avec le troupeau. Sitôt la nuit venue, le bergerot vous le ramènera.

L'INNOCENT.

Oui... oui... Balthazar.

ROSE.

Il t'aime plus que nous, cet enfant.

BALTHAZAR.

A qui la faute, maîtresse? Pour Innocent qu'il soit, il comprend bien que vous l'avez tous un peu abandonné...

ROSE.

Abandonné! Que veux-tu dire? Est-ce qu'il lui manque quelque chose? Est-ce qu'on n'a pas soin de lui?

BALTHAZAR.

C'est de la tendresse qu'il lui faudrait. Il y a droit au moins autant que l'autre. Je vous l'ai dit souvent, Rose Mamaï...

ROSE.

Trop souvent même, berger...

BALTHAZAR.

Cet enfant est le porte-bonheur de votre maison. Vous devez le chérir doublement, d'abord pour lui, et puis pour tous ceux d'ici qu'il protége.

ROSE.

C'est dommage que tu ne portes pas tonsure, tu prêcherais bien... Adieu; je rentre. (Elle fait quelques pas pour sortir, puis revient vers l'enfant, l'embrasse avec frénésie et s'en va.)

L'INNOCENT.

Comme elle m'a serré fort!

BALTHAZAR.

Pauvre petit! Ce n'est pas pour toi qu'elle t'embrasse.

L'INNOCENT.

J'ai faim, berger.

BALTHAZAR, soucieux, montrant la bergerie.

Entre là, et prends mon sac.

L'INNOCENT, qui est allé ouvrir la porte de la bergerie, pousse un cri et revient effrayé.

Aïe !

BALTHAZAR.

Quoi donc?

L'INNOCENT.

Il est là!... Fréderi!...

BALTHAZAR.

Fréderi!

SCÈNE IV.

BALTHAZAR, L'INNOCENT, FRÉDERI.

Fréderi apparaît sur la porte de la bergerie, pâle, en désordre, de la paille dans les cheveux.

BALTHAZAR.

Qu'est-ce que tu fais là?

FRÉDERI.

Rien.

BALTHAZAR.

Tu n'as donc pas entendu ta mère qui t'appelait?

FRÉDERI.

Si... mais je n'ai pas voulu répondre. Ces femmes m'ennuient. Qu'est-ce qu'elles ont donc à m'épier toujours comme cela? Je veux qu'on me laisse, je veux être seul.

BALTHAZAR.

Tu as tort. La solitude n'est pas bonne pour ce que tu as.

FRÉDERI.

Ce que j'ai?... mais je n'ai rien.

BALTHAZAR.

Si tu n'as rien, pourquoi passes-tu toutes les nuits à pleurer, à te lamenter?

FRÉDERI.

Qui te l'a dit?

BALTHAZAR.

Tu sais bien que je suis sorcier. (Tout en parlant, il est entré dans la bergerie et il en sort avec un bissac de toile qu'il jette à l'Innocent.) Tiens! cherche ta vie!

FRÉDÉRI.

Eh bien! oui. C'est vrai. Je suis malade, je souffre. Quand je suis seul, je pleure, je crie... Tout à l'heure, là-dedans, je cachais ma tête dans la paille pour qu'on ne m'entendît pas... Berger, je t'en conjure, puisque tu es sorcier, fais-moi manger une herbe, quelque chose qui m'enlève ce que j'ai là et qui me fait tant mal.

BALTHAZAR.

Il faut travailler, mon enfant.

FRÉDERI.

Travailler? Depuis huit jours, j'ai abattu la besogne de dix journaliers; je m'écrase, je m'exténue, rien n'y fait.

BALTHAZAR.

Alors marie-toi vite... C'est un bon oreiller pour dormir que le cœur d'une honnête femme...

FRÉDERI, avec rage.

Il n'y a pas d'honnête femme!... (Se calmant.) Non! non! cela ne vaut rien encore. Il vaut mieux que je m'en aille. C'est le meilleur de tout.

BALTHAZAR.

Oui, le voyage... C'est bon aussi... Tiens... dans quelques jours, je vais partir dans la montagne, viens avec moi... tu verras comme on est bien là-haut. C'est plein de sources qui chantent, et puis des fleurs, grandes comme des arbres, et des planètes, des planètes!...

FRÉDERI.

Ce n'est pas assez loin, la montagne.

BALTHAZAR.

Alors pars avec ton oncle... va courir la mer lointaine.

FRÉDERI.

Non... non... ce n'est pas encore assez loin, la mer lointaine.

BALTHAZAR.

Où veux-tu donc aller, alors?

FRÉDERI, frappant le sol avec son pied.

Là... dans la terre.

BALTHAZAR.

Malheureux enfant!... Et ta mère, et le vieux que tu tueras du même coup!... Pardi!... ça serait bien facile, si l'on n'avait à songer qu'à soi. On aurait vite fait de mettre son fardeau bas; mais il y a les autres.

FRÉDERI.

Je souffre tant, si tu savais.

BALTHAZAR.

Je sais ce que c'est, va! Je connais ton mal, je l'ai eu.

FRÉDERI.

Toi?

BALTHAZAR.

Oui, moi... J'ai connu cet affreux tourment de se dire : Ce que j'aime, le devoir me défend de l'aimer. J'avais vingt ans alors. Dans la maison où je servais, c'était tout près d'ici, de l'autre main du Rhône. La femme du maître était belle, et je fus pris de passion pour elle... Jamais nous ne parlions d'amour ensemble. Seulement, quand j'étais seul dans le pâturage, elle venait s'asseoir et rire tout contre moi. Un jour, cette femme me dit : Berger, va-t'en !... maintenant je suis sûre que je t'aime... Alors, je m'en suis allé, et je suis venu me louer chez ton grand-père.

FRÉDERI.

Et vous ne vous êtes plus revus ?

BALTHAZAR.

Jamais. Et pourtant nous n'étions pas loin l'un de l'autre, et je l'aimais tellement, qu'après des années et des années tombées sur cet amour, regarde ! j'ai des larmes qui me viennent encore en en parlant... C'est égal ! je suis content. J'ai fait mon devoir. Tâche de faire le tien.

FRÉDERI.

Est-ce que je ne le fais pas ? Est-ce moi qui vous parle de cette femme ? Est-ce que j'y suis jamais retourné ? Quelquefois... la rage d'amour me prend. Je me dis, j'y vais... je marche, je marche... jusqu'à ce que je voie monter les clochers de la ville. Jamais je ne suis allé plus loin.

BALTHAZAR.

Eh bien, alors, sois brave jusqu'au bout. Donne-moi les lettres.

FRÉDERI.

Quelles lettres?

BALTHAZAR

Ces lettres épouvantables que tu lis nuit et jour et qui t'embrâsent le sang au lieu de te dégoûter d'elle, de te calmer, comme le vieux le croyait.

FRÉDERI.

Puisque tu sais tout, dis-moi le nom de cette homme, je te les rendrai.

BALTHAZAR.

A quoi cela te servira-t-il?

FRÉDERI.

C'est quelqu'un de la ville, n'est-ce pas? quelqu'un de riche... Elle lui parle toujours de ses chevaux.

BALTHAZAR.

Possible.

FRÉDERI.

Tu ne veux rien me dire; alors, je les garde. Si le galant veut les ravoir, il viendra me les demander. Comme ça, je le connaîtrai.

BALTHAZAR.

Ah! fou, triple fou!... (Chœurs au dehors.) Qu'est-ce qu'ils ont donc à appeler les bergers? (Regardant le ciel.) Au fait, ils ont raison. Voilà le jour qui va tomber... il faut rentrer les bêtes. (A l'Innocent.) Attends-moi, petit, je reviens. (Il sort.)

SCÈNE V.

FRÉDERI, L'INNOCENT.

FRÉDERI, assis sur les roseaux; l'Innocent mangeant un peu plus loin.

Tous les amoureux ont des lettres d'amour; moi, voilà les miennes. (Il tire les lettres.) Je n'en ai pas d'autres... Ah! misère!... J'ai beau les savoir par cœur, il faut que je les lise et les relise sans cesse. Cela me déchire, j'en meurs, mais c'est bon tout de même... comme si je m'empoisonnais avec quelque chose de délicieux.

L'INNOCENT, se levant.

Là! j'ai fini; je n'ai plus faim.

FRÉDERI, regardant les lettres.

Y en a-t-il de ces caresses là-dedans, et des larmes, et des serments d'amitié! Dire que tout cela est pour un autre, que c'est écrit, que je le sais et que je l'aime encore! (Avec rage.) C'est un peu fort pourtant que le mépris ne puisse pas tuer l'amour! (Il lit les lettres.)

L'INNOCENT, venant s'appuyer sur son épaule.

Ne lis pas ça, ça fait pleurer.

FRÉDERI.

Comment le sais-tu que ça fait pleurer?

L'INNOCENT, parlant lentement avec effort.

Je te vois bien la nuit, dans notre chambre, quand tu mets ta main devant la lampe.

FRÉDERI.

Oh! oh! le berger a raison de dire que tu t'éveilles. Il faut prendre garde à ces petits yeux-là maintenant.

L'INNOCENT.

Laisse ces vilaines histoires, va. Moi j'en sais de bien plus belles. Veux-tu que je t'en raconte une?

FRÉDERI.

Voyons!...

L'INNOCENT, s'asseyant à ses pieds.

Il y avait une fois... Il y avait une fois... C'est drôle, le commencement des histoires, je ne me le rappelle jamais. (Il prend sa petite tête à deux mains.)

FRÉDERI, lisant ses lettres.

« Je me suis donnée à toi tout entière. » Oh! Dieu!

L'INNOCENT.

Et alors... (Douloureusement.) Ça me fatigue de tant chercher... Et alors elle s'est battue toute la nuit, et puis au matin le loup l'a mangée... (Il pose sa tête sur les roseaux et s'endort. — Berceuse à l'orchestre.)

FRÉDERI.

Eh bien, et ton histoire, est-ce qu'elle est finie? Cher petit! il s'est endormi en me la racontant. (Il met sa veste sur l'enfant.) Est-ce heureux de dormir comme ça! Moi, je ne peux pas, je pense trop... Ce n'est pourtant pas ma faute, mais on dirait que toutes les choses autour de moi s'arrangent pour me parler d'elle, pour m'empêcher de l'oublier; ainsi la dernière fois que je l'ai vue, c'était un soir comme maintenant; l'Innocent s'était endormi comme il est là — et moi je le veillais, pensant à elle.

SCÈNE VI.

LES MÊMES, VIVETTE.

VIVETTE, en apercevant Fréderi, s'arrête; bas.

Ah! le voilà enfin!...

FRÉDERI.

Alors elle est venue doucement derrière les mûriers et elle m'a appelé par mon nom.

VIVETTE, timidement.

Fréderi!

FRÉDERI.

Oh! j'ai toujours sa voix dans les oreilles.

VIVETTE.

Il ne m'entend pas, attends. (Elle ramasse quelques fleurs sauvages.)

FRÉDERI.

Moi, par malice, je ne me retournais pas. Alors pour m'avertir, elle s'est mise à secouer les mûriers en riant de toutes ses forces, et j'étais là sans bouger à recevoir son joli rire qui me tombait sur la tête avec les feuilles des arbres.

VIVETTE, s'approchant par derrière, lui jette une poignée de fleurs.

Ah! ah! ah! ah!

FRÉDERI, avec égarement.

Qui est là? (Se retournant.) C'est toi?... Oh! que tu m'as fait mal!

VIVETTE.

Je t'ai fait mal?

FRÉDERI.

Mais qu'est-ce que tu me veux donc avec ton rire, ton rire insupportable?...

VIVETTE, très-émue.

C'est que... c'est que je t'aime et qu'on m'avait dit que pour plaire aux hommes il fallait rire. (Silence.)

FRÉDERI, stupéfait.

Tu m'aimes?

VIVETTE.

Et il y a longtemps, va! toute petite...

FRÉDERI.

Ah! pauvre enfant, que je te plains!

VIVETTE, les yeux baissés.

Te rappelles-tu quand la grand'mère Renaud nous emmenait cueillir du vermillon du côté de Montmajour? Je t'aimais déjà dans ce temps-là; et lorsque en fouillant les chênes nains, nos doigts se mêlaient sous les feuilles, je ne te disais rien, mais je me sentais frémir toute... Il y a dix ans de ça... ainsi tu penses. (Silence.)

FRÉDERI.

C'est un grand malheur pour toi que cet amour te soit venu, Vivette... Moi, je ne t'aime pas.

VIVETTE.

Oh! je le sais bien. Ce n'est pas d'aujourd'hui. Déjà au temps dont je te parle, tu commençais à ne pas m'aimer. Quand je te donnais quelque chose, toujours tu le donnais aux autres.

FRÉDERI.

Eh bien! alors, qu'est-ce que tu veux de moi? Puisque tu sais que je ne t'aime pas, que je ne t'aimerai jamais.

VIVETTE.

Tu ne m'aimeras jamais, n'est-ce pas ? C'est bien ce que je disais... mais écoute, ce n'est pas ma faute, c'est ta mère qui l'a voulu.

FRÉDERI.

Voilà donc ce que vous complotiez ensemble tout à l'heure.

VIVETTE.

Elle t'aime tant, ta mère !... Elle est si malheureuse de te voir de la peine ! Il lui semblait que cela te ferait du bien d'avoir de l'amitié pour quelqu'un, et voilà pourquoi elle m'a envoyée vers toi... Sans elle, je ne serais pas venue. Je ne suis pas demandeuse, moi ; ce que j'avais m'aurait suffi. Venir ici deux ou trois fois l'an, y penser longtemps à l'avance et encore plus longuement après... t'entendre, être à tes côtés, je n'en aurais pas voulu davantage... Tu ne sais pas, toi, quand j'arrivais chez vous, comme le cœur me battait rien que de voir votre porte. (Mouvement de Fréderi.) Et vois comme je suis malheureuse ! Ces bonheurs que je me faisais avec rien, mais qui me remplissaient ma vie, voilà qu'on me les a fait perdre. Car maintenant c'est fini, tu comprends bien... Après tout ce que je t'ai dit, je n'oserai plus me trouver en face de toi. Il faut que je m'en aille pour ne plus revenir.

FRÉDERI.

Tu as raison, va-t'en, cela vaut mieux.

VIVETTE.

Seulement avant que je parte, laisse-moi te demander une chose, une dernière chose. Le mal qu'une femme t'a fait, une femme peut le guérir. Cherche une autre amoureuse, et ne te désespère pas toujours sur celle-là. Tu penses quelle double peine ce serait pour moi d'être loin et de me dire : Il n'est pas heureux. O mon Fréderi ! je te le demande à genoux, ne te laisse pas mourir pour cette femme. Il y en a d'autres. Toutes ne sont pas laides comme Vivette. Ainsi, moi, j'en connais qui sont bien belles, et si tu veux, je te les dirai.

FRÉDERI.

Il ne me manquait plus que cette persécution... Ni de toi, ni des autres, ni des belles, ni des laides, je n'en veux à aucun prix. Dis-le bien à ma mère. Qu'elle ne m'en envoie plus au moins. D'abord, toutes me font horreur. C'est toujours la même grimace. Du mensonge, du mensonge, et encore du mensonge. Ainsi toi, qui es là à te traîner sur tes genoux et à me prier d'amour, qui me dit que tu n'as pas quelque part un amant, qui va venir encore avec des lettres?

VIVETTE, tendant les bras vers lui.

Fréderi !

FRÉDERI, avec un sanglot.

Ah ! tu vois bien que je suis fou et qu'il faut me laisser tranquille. (Il sort en courant.)

SCÈNE VII.

VIVETTE, L'INNOCENT, puis ROSE.

La nuit tombe.

VIVETTE, à genoux, sanglotant.

Mon Dieu! mon Dieu!

L'INNOCENT, effaré.

Vivette!

ROSE.

Qu'est-ce qu'il y a? qui est-ce qui pleure?

VIVETTE.

Ah! marraine!

ROSE.

C'est toi?... Et Fréderi!...

VIVETTE.

Ah! je vous l'avais bien dit qu'il ne m'aimerait jamais... Si vous saviez ce qu'il m'a dit, comme il m'a parlé.

ROSE.

Mais où est-il?

VIVETTE.

Il vient de partir, par là, en courant comme un égaré.
(Un coup de feu illumine les roseaux du côté que montre Vivette.)

LES DEUX FEMMES.

Ah! (Elles restent pétrifiées, pâles.)

MARC, dans les roseaux.

Ohé!

L'ÉQUIPAGE.

Manqué!

VIVETTE.

Ah! que j'ai eu peur!...

ROSE.

Tu as eu peur, hein?... Tu vois bien que tu y penses comme moi... Non! non! ce n'est pas possible, il faut prendre un parti, je ne peux pas vivre comme ça. Viens...

TROISIÈME TABLEAU.

LA CUISINE DE CASTELET.

A droite, dans l'encoignure, haute cheminée à grand manteau. — A gauche, longue table et banc de chêne, bahuts, portes intérieures. — C'est le petit jour.

SCÈNE PREMIÈRE.

LE PATRON MARC, L'ÉQUIPAGE.

Le patron Marc, sur une chaise, sue à grosses gouttes pour entrer dans ses grandes bottes de marais. — L'équipage tout harnaché est adossé contre la table et dort debout.

MARC.

Vois-tu, matelot, en Camargue, il n'y a de bon que l'affût du matin. (Tirant sur sa botte.) Hé! allez donc!... Le jour, il faut courir dans la vase, lever les jambes comme un cheval borgne. Pour tuer quoi? pas même une sarcelle... ho! hisse! me voilà botté... A l'aube, au contraire, les oies, les flammants, les charlottines, tout ça vous défile en bataillons sur la tête, on n'a qu'à tirer dans le tas. Pan! pan!... Ça vaut la peine, hein?... Qu'est ce que tu dis? Hé! là-bas. Hé! Est-ce que tu dors, matelot?

L'ÉQUIPAGE, rêvant.

Manqué!...

MARC.

Comment! manqué, mais je n'ai pas tiré. (Le secouant.) Éveille-toi donc, animal.

L'ÉQUIPAGE.

Oui, pat...

MARC.

Hein?...

L'ÉQUIPAGE, précipitamment.

Oui, capitaine...

MARC.

A la bonne heure! Allons, arrive. (Il ouvre la porte du fond.) Voici une petite bise blanche qui te rafraîchira le museau... Oh! oh! les butors soufflent dans le marais. C'est bon signe. (Au moment où il met le pied dehors, on entend une fenêtre qui s'ouvre.)

ROSE, en dehors, appelant.

Marc...

MARC.

Ohé!

ROSE.

Ne t'en va pas... j'ai besoin de te parler...

MARC.

Mais c'est que l'affût...

ROSE.

Je vais réveiller le père... Nous allons descendre; attends-nous... (La fenêtre se referme.)

MARC, rentrant furieux.

Allons!... voilà notre affût manqué... Trrr... Qu'est-ce qu'elle a donc de si pressé à me dire? Je suis sûr que c'est encore pour me parler de cette Arlésienne. (Il se promène de long en large.) Ma foi! si cela continue, la maison ne sera plus tenable. Le garçon ne desserre plus les dents, le grand-père a les yeux rouges, la mère me fait une mine... comme si c'était ma faute!... (S'arrêtant devant l'équipage.) Est-ce que c'est ma faute, voyons?...

L'ÉQUIPAGE.

Oui, capitaine...

MARC.

Comment! oui... Fais donc attention à ce que tu dis... Est-ce que je pouvais aller voir sous les sabots de cette margoton, pour savoir si elle avait perdu un fer ou deux en route?... Et puis enfin, quoi!... En voilà des histoires pour une amourette! Si tous les hommes étaient comme moi... Feu de Dieu!... Je serais curieux de la voir la femelle qui me mettra le grappin dessus... (Bourrant l'équipage.) Et toi aussi, matelot, je suis sûr que tu serais curieux de la voir... (Il rit, l'équipage rit et ils se regardent.)

SCÈNE II.

LES MÊMES, VIVETTE, avec des paquets.

VIVETTE.

Déjà levé, capitaine...

MARC.

Hé! c'est notre amie Vivette... Où allons-nous donc de si bonne heure, misè Vivette, avec ces gros paquets?

VIVETTE.

Je vais porter mon bagage au pontonnier du Rhône... Je pars par le bateau de six heures.

MARC.

Vous partez?

VIVETTE.

Mais oui, capitaine, il faut bien.

MARC.

Comme elle dit cela gaiement : il faut bien! Et vos amis de Castelet, cela ne vous fait donc pas gros cœur de vous en aller d'eux?

VIVETTE.

Ah! que si fait; mais il y a là-bas à Saint-Louis une brave femme qui s'ennuie d'être seule, et cette idée me donne du courage pour partir... Ah! bonne mère! mais j'y songe. Et le feu qui n'est pas fait... Et la soupe des hommes... Justement ce matin, la chambrière qui est malade... vite, vite...

MARC.

Voulez-vous que je vous aide?...

VIVETTE.

Volontiers, capitaine. Tenez, là-bas, derrière la porte, deux ou trois fagots de sarment.

MARC, prenant les fagots.

Voilà... voilà... (A l'équipage.) Qu'est-ce que tu as donc toi à me regarder? avec tes gros yeux...

VIVETTE, prenant les sarments.

Merci... Maintenant il n'y a plus qu'à souffler...

MARC.

Je m'en charge.

VIVETTE.

C'est cela! Pendant ce temps je vais jusqu'au bateau, retenir ma place...

MARC, vivement.

Vous allez revenir, au moins?

VIVETTE.

Sans doute! Il faut bien que je dise adieu à ma marraine... (Chargeant son paquet.) Hop!

MARC.

Laissez, laissez. L'équipage va vous porter cela. C'est trop lourd... Hé! matelot... Eh bien!... quoi!... qu'est-ce que tu as? qu'est-ce qui t'étonne? Prends ces paquets, on te dit...

VIVETTE.

A tout à l'heure, capitaine... (Elle sort.)

SCÈNE III.

LE PATRON MARC, seul.

Si celle-ci s'en va, par exemple, nous sommes bien. Il n'y avait que ça de gai et de vivant dans la maison... Et puis si avenante, si honnête avec tout le monde, s'entendant si bien à vous donner vos titres. « Oui, capitaine, non, capitaine! » pas une fois elle n'y aurait manqué... Hé! hé! tout de même ce ne serait pas déplaisant à voir trotter sur le pont de la *Belle Arsène* un joli petit perdreau de fillette dans ce goût-là!... Hé bien! hé bien! qu'est-ce qui me prend? Est-ce que moi aussi... Décidément il y a un mauvais air qui court par ici. Je crois ma parole que cette Arlésienne nous a flanqué le feu à tous. (Il souffle avec rage.)

SCÈNE IV.

LE PATRON MARC, BALTHAZAR.

BALTHAZAR, appuyé sur la table, le regarde depuis un moment.

Joli temps pour les bécassines, marinier...

MARC, surpris et gêné.

Ah! c'est toi?... (Il jette le soufflet.)

BALTHAZAR.

Le ciel est tout noir de gibier, là-bas sur Giraud.

MARC, se levant.

Ne m'en parle pas. Je suis furieux. Ils m'ont fait manquer mon affût...

BALTHAZAR.

Et c'est pour te calmer le sang que tu...? (Il fait le geste de souffler le feu.) Pas besoin de mettre des bottes pour cela... (Il rit.)

MARC.

C'est bon! c'est bon! vieux malicieux. (A part.) Il faut toujours qu'il soit dans votre dos ce grand-là! (Voyant le berger s'installer dans la cheminée et allumer sa pipe.) Ah çà! tu es donc convoqué toi aussi?...

BALTHAZAR, assis dans la cheminée.

Convoqué?...

MARC.

Mais oui... Il paraît qu'il y a un grand conseil de famille ce matin. Je ne sais pas ce qui leur est arrivé... Encore quelque histoire... Chut! les voilà...

SCÈNE V.

LES MÊMES, ROSE, FRANCET MAMAI.

ROSE.

Entrez, père...

MARC.

Qu'est-ce qu'il y a donc ?

ROSE.

Ferme la porte.

MARC.

Oh! oh! il paraît que c'est sérieux.

ROSE.

Très-sérieux... (Voyant Balthazar.) Tu es là, toi ?

BALTHAZAR.

Est-ce que je suis de trop, maîtresse ?...

ROSE.

Au fait, non, tu peux rester. Ce que j'ai à leur dire, tu le sais aussi bien que nous... C'est une chose terrible, à laquelle nous pensons tous en nous-mêmes et dont personne n'ose parler. Seulement, à cette heure, le temps presse, et il faut que nous nous en expliquions une bonne fois...

MARC.

Je parie que c'est encore ton garçon dont il s'agit.

ROSE.

Oui, Marc, tu as deviné... Il s'agit de mon enfant qui est en train de mourir. Ça vaut la peine qu'on en parle...

FRANCET MAMAÏ.

Qu'est-ce que tu dis là ?...

ROSE.

Je dis que notre enfant est en train de mourir, grand-père, et je viens vous demander si tout bonnement nous allons le regarder passer comme cela sans rien faire ?

MARC.

Mais enfin qu'est-ce qu'il a ?...

ROSE.

Il a que c'était au-dessus de ses forces de renoncer à son Arlésienne. Il a que cette lutte l'épuise... que cet amour le tue.

MARC.

Tout ça ne nous dit pas de quoi il meurt. On meurt d'une pleurésie, d'un palan qui vous tombe sur la tête, emporté par un coup de mer; mais que diable !... un garçon de vingt ans, solidement amarré sur ses ancres, ne va pas se laisser glisser pour une contrariété d'amour...

ROSE.

Tu crois, Marc?...

MARC, riant.

Ah! ah! il faut venir en Camargue pour rencontrer encore ces superstitions-là. (Légèrement.) Écoutez ceci, sœurette; c'est la romance à la mode cet hiver à l'Alcazar arlésien... (Avec prétention.)

> Heureusement qu'on ne meurt pas d'amour
> Heureusement (bis) qu'on ne meurt pas d'amour.
> (Un silence de mort.)

BALTHAZAR, dans la cheminée.

Ça chante bien, les tonneaux vides!

MARC.

Hein?...

ROSE.

Ta chanson est une menteuse, Marc. Il y a des beaux vingt ans qui meurent d'amour, et même le plus souvent, comme ils trouvent cette mort trop lente, ceux qui sont atteints de cet étrange mal se débarrassent de l'existence, pour en avoir plus tôt fini...

FRANCET MAMAÏ.

Est-ce possible, Rose?... Tu crois que l'enfant...

ROSE.

Il a la mort dans les yeux, je vous dis. Regardez-le bien, vous verrez. Moi, voilà huit jours que je le surveille, j'ai fait mon lit dans sa chambre, et la nuit je me lève pour écouter...Croyez-vous que c'est vivre, cela, pour une mère? Tout le temps, je tremble, j'ai peur de tout pour lui. Les fusils, le puits, le grenier... D'abord je vous préviens, je vais la faire mûrer, cette fenêtre du grenier... On voit les fenêtres d'Arles de là-haut, et tous les soirs l'enfant monte les regarder... Ça m'effraye... Et le Rhône... Oh! ce Rhône! j'en rêve, et lui aussi il en rêve. (Bas.) Hier, il est resté plus d'une heure devant la maison du pontonnier, à regarder l'eau avec des yeux fous... Il n'a plus que cette idée dans la tête, j'en suis sûre... s'il ne l'a pas fait encore, c'est que je suis là, toujours là derrière lui à le garder, à le défendre, mais maintenant je suis à bout de forces, et je sens qu'il va m'échapper.

FRANCET MAMAÏ.

Rose! Rose!...

ROSE.

Écoutez-moi, Francet. Ne faites pas comme Marc. Ne levez pas les épaules à ce que je vous dis... Je le connais mieux que vous, cet enfant, et je sais ce dont il est capable... C'est tout le sang de sa mère, et moi... si on ne m'avait pas donné l'homme que je voulais, je sais bien ce que j'aurais fait.

FRANCET MAMAÏ.

Mais enfin, voyons... nous ne pouvons pourtant pas le marier..., avec cette...

ROSE.

Pourquoi pas?

FRANCET MAMAÏ.

Y pensez-vous, ma fille?...

LE PATRON MARC.

Feu de Dieu!...

FRANCET MAMAÏ.

Je ne suis qu'un paysan, Rose, mais je tiens à l'honneur de mon nom et de ma maison, comme si j'étais seigneur de Caderousse ou de Barbantane... Cette Arlésienne, chez moi!... fi donc!...

ROSE.

Vraiment, je vous admire tous les deux à me parler de votre honneur. Eh ben! et moi? qu'est-ce que j'aurais à dire alors? (S'avançant vers Francet.) Voilà vingt ans que je suis votre fille, maître Francet, est-ce que vous avez jamais entendu une mauvaise parole sur mon compte?... Pourrait-on trouver quelque part une femme plus honnête, plus fidèle à son devoir?... Il faut bien que je le dise, puisque personne de vous n'y pense... Est-ce que mon homme en mourant n'a pas témoigné devant tous de ma sagesse et de ma loyauté?... Et si, moi, moi je consens à introduire cette drôlesse dans ma maison, à lui donner mon enfant, ce morceau de moi-même, à dire : « Ma fille, » ah çà, croyez-vous par hasard que ça me sera moins dur qu'à vous autres?... Et pourtant je suis prête à le faire, puisqu'il n'y a que ce moyen de le sauver...

FRANCET MAMAÏ.

Aie pitié de moi, ma fille, tu me brises...

ROSE.

O mon père, je vous en conjure, pensez à votre Frédéri... Vous avez déjà perdu votre fils... Celui-là, c'est votre petit-fils, c'est votre enfant deux fois, est-ce que vous voudriez le perdre encore?...

FRANCET MAMAÏ.

Mais j'en mourrai, moi, de ce mariage...

ROSE.

Eh! nous en mourrons tous... qu'est-ce que ça fait?... pourvu que l'enfant vive.

FRANCET MAMAÏ.

Qui m'aurait dit cela, mon Dieu! que je verrais une chose pareille!...

BALTHAZAR, se levant tout à coup.

J'en connais un qui ne la verra pas, par exemple... Comment! ici, dans Castelet, une catau qui a roulé avec tous les maquignons de la Camargue... Eh bien! ce sera du propre... (Jetant son manteau, sa trique.) Voilà ma cape et mon bâton, maître Francet. Faites mon compte, que je m'en aille...

FRANCET MAMAÏ, l'implorant.

Balthazar, c'est pour l'enfant... Pense! je n'ai plus que celui-là.

ROSE.

Eh! laissez-le donc partir... Il a pris trop de place à notre feu, ce serviteur-là.

BALTHAZAR.

Ah! l'on a bien raison de dire que mille brebis sans un berger ne sont pas un bon troupeau. Ce qui manque depuis longtemps à cette maison, c'est un homme pour la conduire. Il y a des femmes, des enfants, des vieillards; il manque le maître.

ROSE.

Réponds-moi franchement, berger... Crois-tu que l'enfant serait capable de se tuer si nous ne lui donnions pas cette fille?

BALTHAZAR, grave.

Je le crois...

ROSE.

Et tu aimerais mieux le voir mourir?...

BALTHAZAR.

Cent fois!...

ROSE.

Va-t'en, misérable, va-t'en, sorcier de malheur... (Elle s'élance sur lui.)

FRANCET MAMAÏ, s'interposant.

Laissez, laissez Rose... Balthazar est d'un temps plus dur que le vôtre, où l'on mettait l'honneur par-dessus tout. Moi aussi, je date de ce temps-là, mais je n'en suis plus digne. Je vais faire ton compte, tu peux t'en aller, berger...

BALTHAZAR.

Non!... pas encore... Voilà l'enfant qui descend... Je suis curieux de voir comment vous allez vous y prendre pour lui dire cela... Fréderi, Fréderi, ton grand-père veut te parler...

SCÈNE VI.

LES MÊMES, FRÉDERI.

FRÉDERI.

Tiens! tout le monde est là!... Qu'est-ce qui se passe donc? Qu'est-ce que vous avez?...

ROSE.

Et toi, malheureux enfant, qu'est-ce que tu as?... Pourquoi es-tu si pâle, si brûlant? Tenez! grand-père, regardez-le, ce n'est plus que l'ombre de lui-même...

FRANCET MAMAÏ.

C'est vrai qu'il est bien changé...

FRÉDERI, sourire pâle.

Bah! Je suis un brin malade. Mais ce n'est rien, un peu de fièvre, ça passera. (A Francet.) Vous vouliez me parler, grand-père?...

FRANCET MAMAÏ.

Oui, mon enfant, je voulais te dire... Je... tu... (Bas à Rose.) Dis-lui, toi, Rose; moi, jamais je ne pourrai.

ROSE.

Écoute, mon enfant, nous savons tous que tu as une grande peine, dont tu ne veux pas nous parler. Tu souffres, tu es malheureux... C'est cette femme, n'est-ce pas?

FRÉDERI.

Prenez garde, ma mère... On avait dit qu'on ne prononcerait jamais ce nom-là ici.

ROSE, avec explosion.

Il le faut pourtant bien puisque tu en meurs... puisque tu en veux mourir... Oh! ne mens pas... Je le sais, tu n'as trouvé que ce moyen pour arracher cette passion de ton cœur; c'est de t'en aller de ce monde avec elle... Eh bien! mon fils, ne meurs pas; comme qu'elle soit, cette Arlésienne maudite, prends-la... Nous te la donnons.

FRÉDERI.

Est-ce possible?... ma mère... mais vous n'y songez pas!... Vous savez bien ce que c'est que cette femme...

ROSE.

Puisque tu l'aimes...

FRÉDERI, très-ému.

Ainsi vraiment, ma mère, vous consentiriez?... Et vous, grand-père, qu'est-ce que vous en dites?... Vous rougissez? vous baissez la tête? Ah! le pauvre vieux, comme cela doit lui coûter... Faut-il que vous m'aimiez tous pourtant pour me faire un sacrifice pareil!... Eh bien! non, mille fois non! Je ne l'accepterai pas... Relevez la tête, mes amis, et regardez-moi sans rougir... La femme à qui je donnerai votre nom en sera digne, je vous jure...

SCÈNE VII.

LES MÊMES, VIVETTE, par le fond.

VIVETTE, s'arrêtant timidement.

Pardon... Je vous dérange!...

FRÉDERI, la retenant.

Non... reste... reste... Qu'en dites-vous, grand-père? Je crois que celle-là vous n'aurez pas de honte à l'appeler votre fille...

TOUS.

Vivette!...

VIVETTE.

Moi?...

FRÉDERI, à Vivette, qu'il soutient.

Tu sais ce que tu m'as dit : Le mal qu'une femme m'a fait, il n'y a qu'une femme qui puisse le guérir. Veux-tu être cette femme, Vivette? Veux-tu que je te donne mon cœur? Il est bien malade, bien ébranlé des secousses qu'il a reçues, mais c'est égal! Je crois que si tu t'en mêles, tu viendras à bout de lui? Veux-tu essayer, dis?... (Le père et la mère restent éperdus, les bras tendus vers Vivette d'un air suppliant.)

VIVETTE, se cachant dans le sein de Rose.

Répondez-lui pour moi, marraine.

BALTHAZAR, sanglotant, prend la tête de Fréderi dans ses mains.

Ah! cher enfant, Dieu te bénisse pour tout le bien que tu me fais!

ACTE TROISIÈME.

QUATRIÈME TABLEAU.

LA COUR DE CASTELET

COMME AU PREMIER TABLEAU.

Seulement propre, luisante, endimanchée. — Aux deux côtés de la porte du fond, un arbre de mai tout enguirlandé de fleurs. — Au-dessus de la porte, un bouquet gigantesque de blés verts, de bluets, de coquelicots, mélle, pied d'alouette. — Va-et-vient des valets et des chambrières en habits de fête. — Devant le puits, une servante en train de remplir sa cruche. — De temps en temps, la brise apporte par bouffées un son de fifre, un roulement de tambourins.

SCÈNE PREMIÈRE.

BALTHAZAR, VALETS, SERVANTES.

Balthazar entre par le fond, suant, couvert de poussière.

LES VALETS.

Ah! voilà Balthazar.

UN DES VALETS.

Bonjour, père.

QUATRIÈME TABLEAU, SCÈNE II.

BALTHAZAR, joyeusement.

Salut, salut, jeunesse... (Il vient s'asseoir au bord du puits.)

LA SERVANTE.

Bon Dieu! comme vous avez chaud, mon pauvre berger.

BALTHAZAR, s'essuyant le front.

Je viens de loin, et le soleil est dur... Donne-moi ta cruche... (La femme lève sa cruche et le fait boire.)

LA SERVANTE.

Si c'est possible de se mettre le corps dans un état pareil, à votre âge...

BALTHAZAR.

Bah! je ne suis pas si vieux qu'on croit... C'est seulement ce grand coquin de soleil dont je n'ai pas l'habitude... Songe, ma fille : voici plus de soixante ans que je n'avais passé un mois de juin dans la plaine. (Les valets se sont approchés et font cercle autour de lui.)

UN VALET.

C'est vrai, père. Vous êtes en retard cette année, pour le passage des troupeaux.

BALTHAZAR.

Dam! oui. Les bêtes ne sont pas contentes; mais que veux-tu?... J'ai marié le père, j'ai marié le grand-père, je ne pouvais pas m'en aller sans marier le petit... Heureusement que ce ne sera pas long : aujourd'hui, on publie les bans, premier, dernier ; jeudi les présents, samedi, la noce. Puis, en route pour la montagne...

LA SERVANTE.

Vous ne vous reposerez donc jamais, père Balthazar ? Vous comptez donc mener les bêtes jusqu'à votre dernier souffle ?...

BALTHAZAR.

Si j'y compte!... (Se découvrant.) Au grand Berger qui est là-haut, je n'ai jamais demandé qu'une chose, c'est de me faire mourir en pleines Alpes, au milieu de mon troupeau, par une de ces nuits de juillet où il y a tant d'étoiles... Du reste, je ne suis pas en peine. Je suis sûr de m'en aller comme cela ; c'est ma planète!... Encore un coup, ma belle chatte. (Il boit, la servante lui tient la cruche.)

LES VALETS, se regardant entre eux avec admiration.

Tout de même, il sait que c'est sa planète!...

SCÈNE II.

LES MÊMES, LE PATRON MARC et L'ÉQUIPAGE.

Le patron Marc s'est avancé sur le balcon. Il est endimanché, gilet de soie, casquette dorée à larges galons, cravate de soie, chemise à jabot.

MARC, à Balthazar qui boit.

Hé! là-bas, père Balthazar, ménageons-nous, ça porte à la tête, cette boisson-là...

BALTHAZAR.

Voyez-vous maître Olibrius qui fait le fier là-haut, parce qu'il a une casquette neuve, qui reluit comme le bassin d'un barbier... Tu n'es donc pas à la messe, mauvais chrétien, un jour comme aujourd'hui?

MARC, descendant.

Grand merci... Il faut aller la chercher trop loin, la messe, dans ce pays de sauvages... Et je me souviens de la carriole... (Regardant autour de lui.) Oh! oh! j'espère que nous voilà pavoisés... Qu'est-ce que vous ferez donc le jour des noces, si vous en faites tant pour les accordailles?...

UN VALET.

Mais ce n'est pas seulement les accordailles aujourd'hui, c'est aussi la Saint-Éloi, la fête du labourage.

LE PATRON.

C'est donc cela qu'on entend ronfler les tambourins.

LE VALET.

Mais oui, les confrères de saint Éloi s'en vont de ferme en ferme en dansant la farandole. Nous les aurons avant ce soir à Castelet.

MARC.

Ah çà, est-ce que le jour de saint Éloi la messe serait plus longue que les autres dimanches?... Nos gens n'en finissent pas d'arriver...

LA SERVANTE.

Ils auront bien sûr fait le tour par Saint-Louis pour prendre la mère Renaud.

MARC.

Tiens, au fait,... nous allons donc la voir, cette brave vieille... A propos, père Planète, est-ce que ce n'est pas une de tes anciennes?...

BALTHAZAR.

Tais-toi, marinier.

MARC, riant.

Hé! hé! il paraît que du temps du père Renaud....
(Les valets rient.)

BALTHAZAR.

Tais-toi, marinier.

MARC.

Vous avez, comme on dit, glané du blé de lune ensemble.

BALTHAZAR, se levant, pâle, d'une voix terrible.

Marinier!... (Le patron recule, effrayé. — Les valets s'arrêtent de rire. — Balthazar les regarde tous un moment.) De ce vieux fou de Balthazar et de ses planètes, riez-en tant que vous voudrez... Mais cette histoire-là, c'est sacré!... Je défends qu'on y touche...

MARC.

C'est bon, c'est bon, on n'a pas voulu te fâcher, que diable !

LES VALETS.

Mais non, père Balthazar, vous savez bien... (Ils l'entourent. — Il se rassied tout tremblant.)

MARC, bas à l'équipage.

Je n'ai jamais vu une maison pareille pour prendre les histoires de femmes au sérieux. C'est comme l'autre avec son Arlésienne. Il semblait tant que c'était fini, qu'il n'y avait plus d'espoir. Et puis maintenant...

LES VALETS, courant au fond.

Les voilà ! les voilà !...

BALTHAZAR, très-ému.

Oh ! mon Dieu ! (Il va se mettre à l'écart dans un coin.)

SCÈNE III.

LES MÊMES, ROSE, FRANCET, FRÉDERI, VIVETTE, L'INNOCENT, LA MÈRE RENAUD.

Ils entrent par le fond, tous en toilette, coiffes de dentelles, jaquettes à fleurs. — La vieille marche la première, appuyée sur Vivette et sur Fréderi.

MÈRE RENAUD.

Le voilà donc encore ce vieux Castelet... Laissez-moi un peu, mes enfants, que je le regarde...

MARC.

Bonjour, mère Renaud.

MÈRE RENAUD, lui fa'sant une grande révérence.

Quel est ce beau monsieur?... Je ne le connais pas...

ROSE.

C'est mon frère, mère Renaud...

FRANCET MAMAÏ.

C'est le patron Marc.

MARC, lui soufflant.

Capitaine!...

MÈRE RENAUD.

Je suis votre servante, monsieur le patron.

MARC, furieux, entre ses dents.

Patron!... patron!... Ils n'ont donc pas vu ma casquette.

L'INNOCENT, battant des mains.

Oh! comme ils sont jolis, cette année, les arbres de saint Éloi!

MÈRE RENAUD.

Cela me fait plaisir de revoir toutes ces choses. Il y a si longtemps... Depuis ton mariage, Francet...

FRÉDERI.

Est-ce que vous vous reconnaissez, grand'mère?...

MÈRE RENAUD.

Je le crois bien. Par ici la magnanerie, par là, les hangars. (Elle s'avance et s'arrête devant le puits.) Oh! le puits!... (Petit rire.) Est-il, Dieu, possible que du bois et de la pierre vous remuent le cœur à ce point-là...

MARC, bas aux valets.

Attendez, nous allons rire. (Il s'approche de la vieille, lui prend le bras doucement, et lui fait faire quelques pas vers le coin où Balthazar s'est blotti.) Et celui-là, mère Renaud, est-ce que vous le reconnaissez?... Je crois qu'il est de votre temps.

MÈRE RENAUD.

Bonté divine! mais c'est... c'est Balthazar...

BALTHAZAR.

Dieu vous garde, Renaude! (Il fait un pas vers elle.)

MÈRE RENAUD.

Oh!... ô mon pauvre Balthazar!... (Ils se regardent un moment sans rien dire. — Tout le monde s'écarte respectueusement.)

MARC, ricanant.

Hé! hé! les vieux tourtereaux!

ROSE, sévèrement.

Marc!

BALTHAZAR, à demi-voix à la vieille.

C'est ma faute. Je savais que vous alliez venir. Je n'aurais pas dû rester là...

MÈRE RENAUD.

Pourquoi?... pour tenir notre serment?... va! ce n'est plus la peine. Dieu lui-même n'a pas voulu que nous mourions sans nous être revus, et c'est pour cela qu'il a mis de l'amour dans le cœur de ces deux enfants. Après tout, il nous devait bien ça pour nous récompenser de notre courage...

BALTHAZAR.

Oh! oui, il nous en a fallu du courage; que de fois, en menant mes bêtes, je voyais la fumée de votre maison qui avait l'air de me faire signe : Viens!... elle est là!...

MÈRE RENAUD.

Et moi, quand j'entendais crier tes chiens et que je te reconnaissais de loin avec ta grande cape, il m'en fallait de la force pour ne pas courir vers toi. Enfin, maintenant, notre peine est terminée et nous pouvons nous regarder en face sans rougir... Balthazar...

BALTHAZAR.

Renaude!

MÈRE RENAUD.

Est-ce que tu n'aurais pas de honte à m'embrasser, toute vieille et crevassée par le temps, comme je suis là...

BALTHAZAR.

Oh!

MÈRE RENAUD.

Eh bien! alors, serre-moi bien fort sur ton cœur, mon

brave homme. Voilà cinquante ans que je te le dois, ce baiser d'amitié. (Ils s'embrassent longuement.)

FRÉDERI.

C'est beau le devoir! (Serrant le bras de Vivette.) Vivette, je t'aime...

VIVETTE.

Bien sûr?

MARC, s'approchant.

Dites donc, mère Renaud, si nous allions un peu du côté de la cuisine, maintenant, pour voir si le tourne-broche n'a pas changé depuis vous?

FRANCET MAMAÏ.

Il a raison.... à table!... (Il prend le bras de la vieille.)

TOUS.

A table! à table!

MÈRE RENAUD, se retournant.

Balthazar...

ROSE.

Allons, berger...

BALTHAZAR, très-ému:

Je viens... (Tout le monde entre par la gauche. — La scène reste vide quelques secondes. — Musique de scène. — La nuit vient.

SCÈNE IV.

FRÉDERI, VIVETTE. Ils sortent tous deux de la maison.

FRÉDERI, amenant Vivette près du puits.

Vivette, écoute ici, regarde-moi... Qu'est-ce que tu as? Tu n'es pas contente.

VIVETTE.

Oh! si, mon Fréderi.

FRÉDERI.

Tais-toi, ne mens pas, tu as quelque chose qui te tourmente et te gâte la joie de nos accordailles. Je sais bien ce que c'est, c'est ton malade qui te fait peur. Tu n'es pas encore sûre de lui... Eh bien, sois heureuse, je te jure que je suis guéri.

VIVETTE, secouant la tête.

Quelquefois on croit cela, et puis...

FRÉDERI.

Te rappelles-tu cette année où j'ai été si malade? De tout le temps de ma maladie, il ne m'est resté qu'une chose dans la mémoire. C'est un matin où pour la première fois on avait ouvert ma fenêtre. Le vent du Rhône sentait si bon ce matin-là!... J'aurais pu dire une par une toutes les herbes sur lesquelles il avait passé. Et puis, je ne sais pas pourquoi, mais le ciel me semblait plus clair que d'ordinaire, les arbres avaient plus de feuilles, les ortolans chantaient mieux, et j'étais bien... Alors le médecin est entré, et il a dit en me regardant : Il est guéri!... Eh bien! à cette heure où je te parle, je suis comme ce matin-là, c'est le même ciel, le même apaisement de tout mon être, et plus rien qu'un désir en moi, mettre ma tête là, sur ton épaule et y rester toujours... Tu vois bien que je suis guéri.

VIVETTE.

Ainsi c'est bien vrai, tu m'aimes?...

FRÉDERI, bas.

Oui...

VIVETTE.

Et l'autre?... celle qui t'a fait tant de mal, tu n'y penses plus jamais?...

FRÉDERI.

Je ne pense qu'à toi, Vivette...

VIVETTE.

Oh! pourtant...

FRÉDERI.

Sur quoi veux-tu que je te le jure?... tu es seule dans mon cœur, je te dis... Ne parlons pas de ce vilain passé. Il n'existe plus pour moi.

VIVETTE.

Alors, pourquoi gardes-tu des choses qui te le rappellent?

FRÉDERI.

Mais... je n'ai rien gardé.

VIVETTE.

Et ces lettres que tu as là?...

FRÉDERI, stupéfait.

Comment, tu savais donc?... Oui, c'est vrai, je les ai gardées longtemps. C'était comme une curiosité mauvaise que j'avais de connaître cet homme ; mais à présent, regarde. (Il ouvre sa blouse.)

VIVETTE.

Elles n'y sont plus?...

FRÉDERI.

Balthazar est allé les rendre ce matin.

VIVETTE.

Tu as fait cela, mon Fréderi? (Lui sautant au cou.) Oh! que je suis heureuse!... Si tu savais comme elles m'ont fait souffrir, ces lettres maudites..., quand tu me prenais contre ton cœur et que tu me disais : « Je t'aime! » Tout le temps, je les sentais là sous ta blouse, et cela m'empêchait de te croire.

FRÉDERI.

Ainsi tu ne me croyais pas, et pourtant tu voulais bien devenir ma femme?

VIVETTE, souriant.

Cela m'empêchait de te croire; mais cela ne m'empêchait pas de t'aimer...

FRÉDERI.

Et maintenant, si je te dis : « Je t'aime! » est-ce que tu le croiras?...

VIVETTE.

Dis-le, voyons!

FRÉDERI.

Ah! chère femme! (Il la serre contre sa poitrine, puis tous deux étroitement enlacés, ils marchent à petits pas et disparaissent une minute derrière les hangars.)

SCÈNE V.

LES MÊMES, LE GARDIEN, BALTHAZAR.

Mitifio entre vivement, fait quelques pas dans la cour déserte, puis va pour frapper à la maison, quand la porte s'ouvre et Balthazar paraît.

BALTHAZAR, se retournant.

C'est toi!... qu'est-ce que tu veux?

LE GARDIEN.

Mes lettres! (A ce moment le groupe des amoureux rentre en scène.)

BALTHAZAR.

Comment! tes lettres?... mais je les ai portées à ton père ce matin; tu ne viens donc pas de chez vous?

LE GARDIEN.

Voilà deux nuits que je couche à Arles.

BALTHAZAR.

Ça dure donc toujours?...

LE GARDIEN.

Toujours!...

BALTHAZAR.

J'aurais cru pourtant qu'après cette histoire des lettres...

LE GARDIEN.

Quand c'est pour elles qu'on est lâche, les femmes vous pardonnent toutes les lâchetés.

BALTHAZAR.

Alors, grand bien te fasse, mon garçon. Ici, grâce à Dieu, nous en avons fini avec cette folie-là. L'enfant se marie dans quatre jours, et cette fois il prend quelqu'un d'honnête.

LE GARDIEN.

Ah! oui, il est bien heureux, lui. Ce doit être si bon de s'aimer librement, à la face du ciel et des hommes, d'être fier de ce qu'on aime, et de pouvoir dire au monde qui passe : « C'est ma femme, regardez-la! » Moi, j'arrive la nuit comme un voleur. Le jour, je me cache, je rôde autour d'elle, et puis, quand nous sommes seuls, ce sont des scènes, des querelles! D'où viens-tu?... Qu'as-tu fait?... Quel est cet homme à qui tu parlais?... Et des fois qu'il y a, au milieu de nos caresses, il me vient des envies de l'étouffer pour qu'elle ne me trompe plus... (Ici le groupe enlacé des amoureux paraît, traversant la scène dans le fond.) Ah! l'horrible vie de mensonges et de méfiance! Heureusement, cela va finir. Maintenant, nous allons vivre ensemble et malheur à elle si...

BALTHAZAR.

Vous vous mariez?...

LE GARDIEN.

Non, je l'enlève... Si tu es aux bergeries cette nuit, tu entendras une fière galopade dans la plaine. J'aurai la belle en travers de ma selle, et je te réponds que je la tiendrai bien.

BALTHAZAR.

Elle t'aime donc bien, cette Arlésienne maudite?...

FRÉDERI, s'arrêtant dans le fond.

Oh!

LE GARDIEN.

Oui... c'est son caprice du moment. Et puis un enlèvement, ça lui va. Courir les grandes routes à l'aventure, rouler d'auberge en auberge, le changement, la peur, la poursuite, voilà ce qu'elle aime surtout. Elle est comme ces oiseaux de la mer qui ne chantent que dans les orages...

FRÉDERI, bas, avec rage.

C'est lui !... enfin !...

VIVETTE

Fréderi, viens... ne reste pas là !

FRÉDERI, la repoussant.

Laisse-moi !

VIVETTE, éplorée.

Ah ! il l'aime encore... Fréderi...

FRÉDERI.

Va-t'en... va-t'en donc ! (Il la pousse dans la maison, puis revient écouter.)

LE GARDIEN.

Moi, ce voyage me fait peur. Je pense au vieux qui va rester seul, à mes chevaux, à la cabane, et à la belle vie d'honnête homme que j'aurais menée là-bas, si je ne l'avais pas rencontrée.

BALTHAZAR.

Pourquoi partir alors ? Fais ce que le nôtre a fait. Renonce à cette femme et marie-toi.

LE GARDIEN, bas.

Je ne peux pas... Elle est si belle !...

FRÉDERI, bondissant.

Je ne le sais que trop qu'elle est belle, misérable...

QUATRIÈME TABLEAU, SCÈNE V.

Mais quel besoin avais-tu de venir me le rappeler ? (Avec un rire de rage.) Un paysan !... C'était un paysan comme moi !... (Marchant vers lui.) Ah ! mon bonheur te fait envie, et c'est en sortant de ses bras que tu viens me le dire, quand tu as encore sur ta bouche ses baisers de la dernière nuit. Mais tu ne sais donc pas que, pour un de ces moments de passion dont tu me parles, pour une minute de ta vie à toi, je donnerais toute la mienne, tout mon paradis pour une heure de ton purgatoire... Maudit sois-tu d'être venu, maquignon de malheur !... C'est' encore pis que de l'avoir vue elle-même... tu me rapportes avec son haleine l'horrible amour dont j'ai manqué de mourir. Maintenant c'est fini, je suis perdu. Et pendant que tu courras les routes avec ton amoureuse, il y aura ici des femmes en larmes... Mais non ! ce n'est pas possible, cela ne sera pas. (Sautant sur un des gros marteaux avec lesquels on a planté les mais.) Allons, défends-toi, bandit, défends-toi, que je te tue, je ne veux pas mourir seul. (Le gardien recule. — Toute cette scène est presque couverte par le bruit des tambourins qui arrivent.)

BALTHAZAR, se jetant sur Fréderi.

Malheureux, que vas-tu faire ?

FRÉDERI, se débattant.

Non, laisse-moi ;... lui d'abord, son Arlésienne ensuite. (Au moment où il arrive snr le gardien, Rose s'élance au milieu d'eux. — Fréderi s'arrête, chancelle, le marteau lui tombe des mains. - Au même instant des torches secouées apparaissent devant la ferme, et les farandoleurs envahissent la cour en criant : « Saint-Éloi !... Saint-Éloi !... »)

LES FARANDOLEURS.

Saint-Éloi! Saint-Éloi! A la farandole!

LES GENS DE LA FERME, *apparaissant sur le balcon.*

Saint-Éloi!... Saint-Éloi!... (Chants et danses. — Tableau.)

CINQUIÈME TABLEAU.

LA MAGNANERIE.

Une grande salle, avec large fenêtre et balcon dans le fond. — A gauche, second plan, l'entrée de la magnanerie; premier plan, la chambre des enfants. — A droite, un escalier de bois montant au grenier. Sous l'escalier, un lit à demi caché par des rideaux. Quand la toile se lève, la scène est vide. Dans la cour du castelet on entend les fifres et les tambourins des farandoleurs: puis on chante la « Marche des Rois... » A ce moment, Rose entre, une petite lampe à la main. Elle pose sa lampe, va sur le balcon du fond, y reste un moment à regarder danser, puis rentre.

SCÈNE PREMIÈRE.

ROSE MAMAI, seule.

Ils chantent, en bas. Ils ne se doutent de rien. Le berger lui-même s'y est trompé en le voyant sauter de si bon cœur : « Ça ne sera rien, maîtresse. Un dernier coup de tonnerre, comme quand l'orage va finir... » Dieu l'écoute!... Mais j'ai bien peur... Aussi, je veille...

SCÈNE II.

ROSE, FRÉDERI.

FRÉDERI, s'arrête en voyant sa mère.

Qu'est-ce que tu fais là ?... Je croyais que tu ne couchais plus ici...

ROSE, un peu gênée.

Mais si. J'ai encore de l'autre côté quelques vers à soie qui ne sont pas éclos. Il faut que je les surveille... Mais toi ? pourquoi n'es-tu pas resté en bas à chanter avec les autres ?

FRÉDERI.

J'étais trop fatigué.

ROSE.

Le fait est que tu y allais d'une rage à cette farandole. Vivette aussi a beaucoup dansé. C'est un oiseau, cette petite; elle ne touchait pas la terre... As-tu vu l'aîné des Giraud comme il lui tournait autour ? Elle est si avenante... Ah! vous allez faire une jolie paire à vous deux.

FRÉDERI, vivement.

Bonsoir. Je vais me coucher. (Il l'embrasse.)

ROSE, le retenant.

Et puis, tu sais, si celle-là ne te convient pas, il faut le dire. Nous aurons bientôt fait de t'en trouver une autre.

FRÉDERI.

Oh! ma mère.

ROSE.

Eh! qu'est-ce que tu veux? Ce n'est pas le bonheur de cette petite que je cherche, c'est le tien... Et tu n'as pas l'air de quelqu'un d'heureux au moins?

FRÉDERI.

Mais si... mais si...

ROSE.

Voyons, regarde-moi. (Elle lui prend la main.) On dirait que tu as la fièvre.

FRÉDERI.

Oui... la fièvre de Saint-Éloi qui fait boire et qui fait danser. (Il se dégage.)

ROSE.

(A part.) Je ne saurai rien. (Le rattrapant.) Mais ne t'en va donc pas, tu t'en vas toujours.

FRÉDERI, souriant.

Allons. Qu'est-ce qu'il y a encore?

ROSE, le regardant bien en face.

Dis-moi... Cet homme qui est venu tout à l'heure...

FRÉDERI, *détournant les yeux.*

Quel homme?

ROSE.

Oui... cette espèce de bohémien, de gardien de chevaux... Cela t'a fait du mal de le voir.... n'est-ce pas?

FRÉDERI.

Bah! Ç'a été un moment, une folie... et puis tiens! je t'en prie, ne me fais pas parler de ces choses... J'aurais peur de te salir en remuant toute cette boue devant toi.

ROSE.

Allons donc! Est-ce que les mères n'ont pas le droit d'aller partout sans se salir, de tout demander, de tout savoir?... Voyons, parle-moi, mon enfant. Ouvre-moi bien ton cœur. Il me semble que, si tu me parlais un peu seulement, moi j'en aurais si long à te dire... tu ne veux pas!

FRÉDERI, *doux et triste.*

Non, je t'en prie. Laissons cela tranquille.

ROSE.

Alors, viens... descendons...

FRÉDERI.

Pourquoi faire?

ROSE.

Ah! je suis peut-être folle, mais je trouve que tu as

un mauvais regard cette nuit. Je ne veux pas que tu restes seul... viens aux lumières, viens... D'abord tous les ans, pour saint Eloi, tu me fais faire un tour de farandole. Cette année, tu n'y as pas pensé. Allons, viens. J'ai envie de danser, moi... (Avec un sanglot.) J'ai bien envie de pleurer aussi.

FRÉDERI.

Ma mère, ma mère, je t'aime... ne pleure pas... Ah! ne pleure pas, bon Dieu!

ROSE.

Parle-moi donc alors, puisque tu m'aimes.

FRÉDERI.

Mais que veux-tu que je te dise?... Eh bien oui, j'ai eu une mauvaise journée aujourd'hui. Il fallait bien s'y attendre. Après des secousses pareilles, on n'arrive pas au calme tout d'un coup. Regarde le Rhône les jours de mistral ; est-ce qu'il ne s'agite pas encore longtemps après que le vent est tombé? Il faut laisser aux choses le temps de s'apaiser... Voyons, ne pleure pas. Tout cela ne sera rien... Une nuit de bon sommeil à poings fermés, et demain il n'y paraîtra plus... Je ne songe qu'à oublier, moi, je ne songe qu'à être heureux.

ROSE, gravement.

Tu ne songes qu'à ça?

FRÉDERI, détournant la tête.

Mais oui...

ROSE, *le fouillant jusqu'au fond des yeux.*

Bien vrai ?

FRÉDERI.

Bien vrai.

ROSE, *tristement.*

Tant mieux, alors...

FRÉDERI, *l'embrassant.*

Bonsoir... Je vais me coucher. (Elle l'accompagne d'un long regard et d'un sourire jusqu'à la porte de la chambre. A peine la porte fermée, la figure de la mère change, devient terrible.)

SCÈNE III.

ROSE, *seule.*

Être mère, c'est l'enfer !... Cet enfant-là, j'ai manqué mourir de lui en le mettant au monde. Puis il a été long-temps malade... A quinze ans, il m'a fait encore une grosse maladie. Je l'ai tiré de tout comme par miracle. Mais ce que j'ai tremblé, ce que j'ai passé de nuits blanches, les rides de mon front peuvent le dire... Et maintenant que j'en ai fait un homme, maintenant que le voilà fort, et si beau, et si pur, il ne songe plus qu'à s'arracher la vie, et pour le défendre contre lui-même, je suis obligée de veiller là, devant sa porte, comme quand il était tout petit. Ah ! vraiment, il y a des fois que Dieu n'est pas raisonnable... (Elle s'assied sur un escabeau.) Mais elle est à moi, ta vie, méchant garçon. Je te l'ai donnée, je te l'ai donnée vingt fois. Elle a été prise jour par jour dans la mienne; sais-tu bien qu'il a fallu toute ma jeunesse pour te faire tes vingt ans? Et à présent tu voudrais détruire mon ouvrage. Oh! oh! (Radoucie et triste.) C'est vrai qu'il souffre bien aussi, le pauvre enfant. Son affreux amour le tient encore, et j'étais folle de croire que quelqu'un pourrait le guérir. Il a du mal de sa mère, celui-là! Les cœurs comme les nôtres ne savent aimer qu'une fois... Mais enfin ce n'est pas ma faute. Il ne faut pas m'en punir, voyons... qu'est-ce que je pouvais faire de plus que ce que j'ai fait?... Je lui disais : « Prends-la... nous te la donnons. » A moins d'aller la lui chercher moi-même... Si je savais où la prendre seulement, cette drôlesse; je l'amènerais bien de force... Mais c'est trop tard. Elle est partie, et c'est bien pour cela qu'il veut mourir... Il veut mourir! Comme c'est ingrat tout de même les enfants!... Et moi aussi, quand mon pauvre homme est mort et qu'il me tenait les mains en s'en allant, j'avais bien envie de partir avec lui... Mais tu étais là, toi, tu ne comprenais pas bien ce qui se passait, mais tu avais peur, et tu criais. Ah! dès ton premier cri j'ai senti que ma vie ne m'appartenait pas, que je n'avais pas le droit de partir... Alors, je t'ai pris dans mes bras, je t'ai souri, j'ai chanté pour t'endormir, le cœur gros de larmes, et quoique veuve pour toujours, aussitôt que j'ai pu, j'ai quitté mes coiffes noires pour ne pas attrister tes yeux d'enfant... (Avec un sanglot.) Ce que j'ai fait pour lui, il pourrait bien le faire pour moi maintenant... Ah! les pauvres mères. Comme nous sommes à plaindre! Nous donnons tout, on ne nous rend rien. Nous sommes les amantes qu'on délaisse toujours. Pourtant nous ne trompons jamais, nous autres, et nous savons si bien vieillir...

CHOEUR, au dehors.

Sur un char
Doré de toutes parts
On voit trois rois graves comme des anges
Sur un char
Doré de toutes parts ;
Trois rois debout parmi les étendards !

(Tambourins et danses.)

ROSE.

Quelle nuit !... quelle veillée !... (La porte de la chambre s'ouvre vivement.) Qui est là ?

SCÈNE IV.

ROSE, L'INNOCENT.

L'Innocent sort de la chambre de gauche, pieds nus, ses cheveux blonds sont ébouriffés, sans blouse, sans gilet, rien qu'un pantalon de futaine retenu par une bretelle. — Ses yeux brillent, son visage a quelque chose de vivant, d'ouvert, d'inaccoutumé.

L'INNOCENT, s'approchant, un doigt sur les lèvres.

Chut !

ROSE.

C'est toi ?... Qu'est-ce que tu veux ?...

L'INNOCENT, bas.

Couchez-vous, et dormez tranquille... Il n'y aura rien encore cette nuit!...

ROSE.

Comment! rien... tu sais donc?...

L'INNOCENT.

Je sais que mon frère a un grand chagrin, et que vous me faites coucher dans sa chambre de peur qu'il ne retourne son chagrin contre lui-même... Aussi voilà plusieurs nuits que je ne dors que d'un œil... Depuis quelque temps il allait mieux, mais cette fois la nuit a été bien mauvaise... Il a recommencé à pleurer, à parler tout seul. Il disait : « Je ne peux pas... je ne peux pas!... il faut que je m'en aille!... » Puis à la fin, il s'est couché. Maintenant, il dort, et je me suis levé doucement, doucement, pour venir vous le dire... Pourquoi me regardez-vous comme cela, ma mère?... Ça vous étonne que j'y voie si fin et que j'aie tant de raisonnement... Mais vous savez bien ce que Balthazar disait : « Il s'éveille, cet enfant, il s'éveille! »

ROSE.

Est-ce possible?... Oh!... O mon Innocent!

L'INNOCENT.

Mon nom est Janet, ma mère. Appelez-moi Janet. Il n'y a plus d'Innocent dans la maison.

ROSE, vivement.

Tais-toi... ne dis pas ça.

L'INNOCENT.

Pourquoi?

ROSE.

Ah! je suis folle... C'est ce berger avec ses histoires... Viens, mon chéri, viens que je te regarde. Il me semble que je ne t'ai jamais vu, que c'est un nouvel enfant qui m'arrive. (Le prenant sur ses genoux.) Comme tu es grandi, comme tu es beau! Sais-tu que tu ressembleras à Frédéri? C'est qu'il y a de la vraie lumière dans tes yeux maintenant.

L'INNOCENT.

Ma foi! oui, je crois que maintenant je suis éveillé tout à fait... Ce qui n'empêche pas que j'ai bien sommeil, et que je vais aller dormir, car je tombe... Voulez-vous m'embrasser encore, dites?...

ROSE.

Si je veux! (Elle l'embrasse avec fureur.) Je t'en dois tant de ces caresses. (Elle l'accompagne jusqu'à la chambre.) Va dormir, mon chéri, va.

SCÈNE V.

ROSE, seule.

Plus d'Innocent dans la maison! Si ça allait vous porter malheur... Ah! qu'est-ce que je dis là?... Je ne mérite pas cette grande joie qui m'arrive... Non! non! Ce n'est pas possible. Dieu ne m'a pas rendu un enfant pour m'en enlever un autre... (Elle courbe un instant la tête devant une madone incrustée dans le mur, elle va vers la porte de la chambre et elle écoute.) Rien... ils dorment tous deux. (Elle ferme la fenêtre du fond, range quelques objets, quelques sièges, puis entre dans son alcôve et tire son rideau. — Musique de scène. — Le petit jour commence à blanchir les grandes vitres du fond.)

SCÈNE VI.

FRÉDERI, ROSE, dans l'alcôve.

FRÉDERI, il entre à demi vêtu, l'air égaré. Il écoute et s'arrête.

(Bas.) Trois heures. Voilà le jour. Ça sera comme dans l'histoire du berger. Elle s'est battue toute la nuit, et puis au matin... puis au matin... (Il fait un pas vers l'escalier, puis s'arrête.) Oh! c'est horrible!... Quel réveil ils vont tous avoir ici!... mais c'est impossible. Je ne peux pas vivre. Tout le temps je la vois dans les bras de cet homme. Il l'emporte, il la serre, il... Ah! vision maudite, je t'arracherai bien de mes yeux! (Il s'élance sur l'escalier.)

ROSE, appelant.

Fréderi!... Est-ce toi? (Fréderi s'arrête au milieu de l'escalier, chancelant, les bras étendus.)

ROSE, s'élançant de l'alcôve, court à la chambre des enfants, regarde, et pousse un cri terrible.

Ah!... (Elle se retourne, et voit Fréderi sur l'escalier.) Qu'est-ce que... Où vas-tu?

FRÉDERI, égaré.

Mais tu ne les entends donc pas là-bas du côté des bergeries?... Il l'emporte... Attendez-moi! attendez-moi!... (Il s'élance, Rose se jette à corps perdu à sa poursuite. — Quand elle arrive à la porte qui est au milieu de l'escalier, Fréderi vient de la fermer. — Elle frappe avec rage.)

ROSE.

Fréderi, mon enfant!... Au nom du ciel! (Elle frappe à la porte, la secoue.) Ouvre-moi, ouvre-moi!... Mon enfant!... Emporte-moi, emporte-moi dans ta mort... Ah!... mon Dieu!... Au secours! Mon enfant!... Mon enfant va se tuer... (Elle descend l'escalier comme une folle, se précipite vers la fenêtre du fond, l'ouvre, regarde et tombe avec un cri terrible.)

SCÈNE VII.

LES MÊMES, L'INNOCENT, BALTHAZAR, LE PATRON MARC.

L'INNOCENT.

Maman!... Maman!... (Il s'agenouille près de sa mère.)

BALTHAZAR, voyant la fenêtre ouverte, s'élance et regarde dans la cour.

Ah! (Au patron Marc qui vient d'entrer.) Regarde à cette fenêtre, tu verras si on ne meurt pas d'amour!...

Imprimé

LE 10 OCTOBRE MIL HUIT CENT SOIXANTE-DOUZE.

PAR J. CLAYE

POUR A. LEMERRE, LIBRAIRE

A PARIS

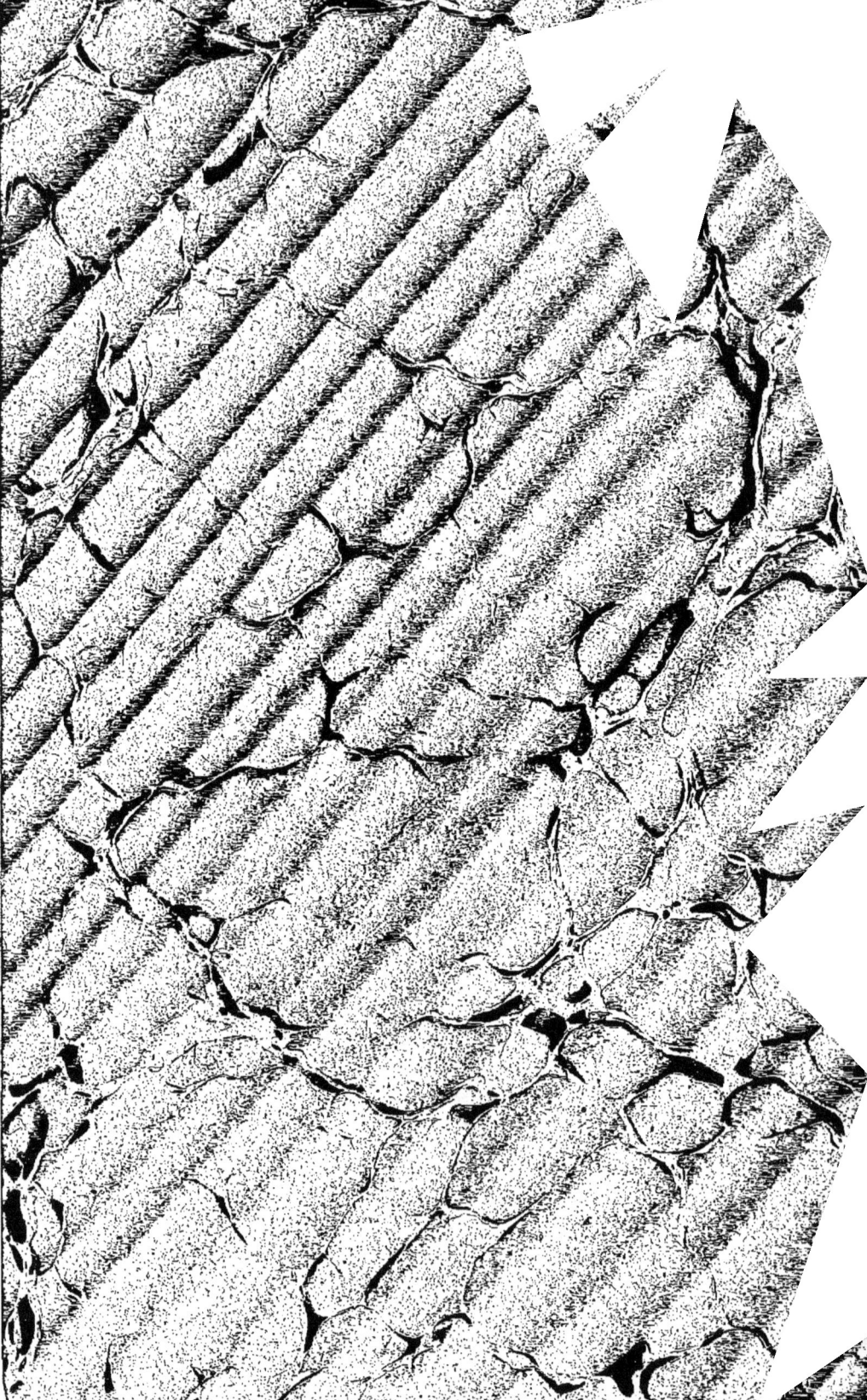

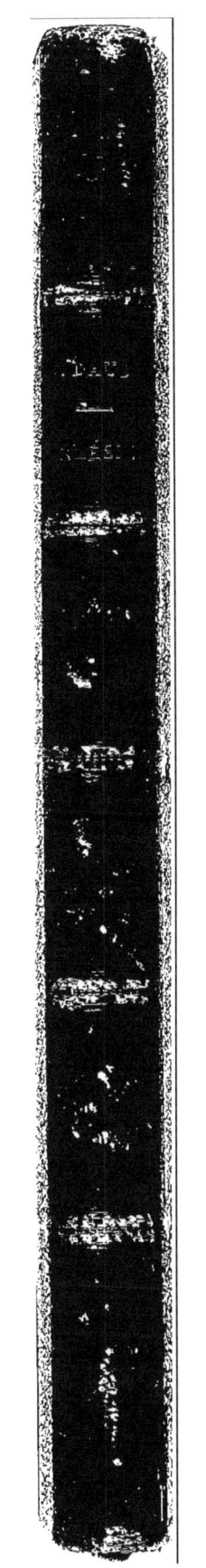